諸葛孔明像　（四川省成都の武侯祠《ぶこうし》蔵）　時事通信フォト提供

上：孔明の隆中《りゅうちゅう》の草廬《そうろ》　復元されたもの。湖北省襄陽《じょうよう》市。アフロ提供
下：隆中対　劉備に「天下三分の計」を説く孔明。（「三国演義」切手シート〔陳中欽・陳全勝、河南省郵電印刷廠発行〕より）

現代の襄陽城　手前は漢水。湖北省襄陽市襄城区。新華社／アフロ提供

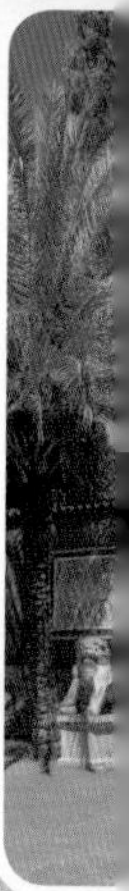

上：**祁山《きざん》の古城跡**　231年、孔明はこの山に進出、魏《ぎ》の司馬仲達《しばちゅうたつ》を破った。甘粛《かんしゅく》省礼《れい》県。ユニフォトプレス提供

右：**白帝城《はくていじょう》とその城門**　白帝城のある小高い山は三峡ダムによる長江の水位上昇で現在は島と化している。重慶市奉節《ほうせつ》県。アフロ・Avalon／時事通信フォト提供

左：**蜀の桟道《さんどう》と木牛**：四川省広元県の剣門関《けんもんかん》付近の桟道。ユニフォトプレス提供。上は木牛を用いて桟道を進む蜀兵の想像図。(『三国故事』〔施大畏図、人民美術出版社、1980年〕より)

五丈原《ごじょうげん》の諸葛亮の廟《びょう》　五丈原は陝西《せんせい》省宝《ほう》鶏《けい》市岐山《ぎざん》県にある小高い台地。234年、孔明はここに陣をおき、渭水《いすい》を挟んで司馬仲達と対陣、病没した。その台地上に建つ廟。アフロ提供

定軍山の孔明の墓　孔明の遺体は自身の遺命によって定軍山に葬られた。その墓と廟。陝西省勉《べん》県。

新・人と歴史 44

『三国志』の英雄 諸葛孔明

林田 慎之助 著

SHIMIZUSHOIN

はじめに

文芸評論家の花田清輝《はなだきよてる》は『随筆三国志』で、「三顧《さんこ》の礼」を尽くし、平身低頭しながら賢者諸葛孔明《しょかつこうめい》を迎え入れた劉備《りゅうび》に、乱世にふさわしい君主の態度をみてとり、これは従来の儒教《じゅきょう》的な君臣関係とはちがって、新しい時代の君臣のありかたをあらわしたものとして、コペルニクス的転回であったと高く評価している。それにくらべると、あいも変わらず、鳥（臣下）のほうで木（君主）を選ぶのを待っている曹操《そうそう》は、乱世における君主関係のなんたるかを知らぬ、でくの坊にすぎないのではないかと批判している。

はたしてそうとばかりいえるであろうか。

後年、孔明が「出師《すいし》の表」のなかで回想していることからしても、劉備が「三顧の礼」をもって孔明を訪れ、当面する政局にどう対処すべきであるかをはかったのは事実に近いであろう。たしかに、このときの劉備には満たされぬ志があり、まがりなりにも漢の王室の血筋を引く者として、いつの日かみずから天下に覇《は》を唱え、衰退の一途をたどる漢の再興をはかることのできる道を、彼は真剣にさがし求めていた。その道があるならば、進んで教えを乞うだけの謙虚な態度があって、孔明に対して「三顧の礼」をとらせたのである。その劉備のいまだ行方さだまらぬ鬱屈《うっくつ》した胸の思いに、真っ赤な希望の火をともしたのが、孔明の「天下三分の計」であった。

「天下三分の計」は、「無から有を生みだす」哲学を知る者だけが構想しえた無類の戦略であった。魏《ぎ》・呉《ご》の既成の二大勢力がいまだ手をつけていない荊州《けいしゅう》と巴蜀《はしょく》の天地をまず掌中におさめ、天下二分の現況を突き崩して、あらためて天下三分の局面をつくりだし、そののちに中原にむかって兵馬を進むべしとする根拠地獲得論がその基軸をなしていた。

中原の地のみに焦点をあわせて、政局の動向をみていた劉備は、眼から鱗《うろこ》が落ちる思いであったにちがいない。二七歳の白面の青年の舌先にほとばしるひたむきな情熱に、さすがの千軍万馬の将軍劉備も圧倒された。

これまで苦楽をともにしてきた関羽《かんう》・張飛《ちょうひ》といった豪勇とはまったく異なった、底知れぬ知性の魔力ともいうべきものに、劉備は魅せられていた。聞きしに勝る「臥竜《がりゅう》」である。空理空論の哲理をもてあそぶだけの俗臭の強い隠者風の若者ではなかった。劉備はわが師として仰ぐにたる賢者を孔明にみて、ぜひとも我が帷幕《いばく》のうちに軍師として迎えたいと願った。

しかしながら、これを諸葛孔明の側からみれば、事柄はそう簡単ではなかったはずだ。劉備が孔明を選んだように、孔明にしても自分の主君を選ぶ権利があった。隆中《りゅうちゅう》にあって孔明が練りあげてきた「天下三分の計」をさずけるに値する人物かどうか、しかと見さだめる必要があった。

じつは、「三顧の礼」がおこなわれたかなり長い時間こそが、孔明にとって劉備をわが主君と見極めるうえに、どうしても必要な熟考の期間であったのだ。

たぶん孔明ほどの人物ならば、彼がその気になれば、すでに安定した政治的、軍事的な根拠地を築いていた曹操・孫権《そんけん》、それに荊州の領主劉表《りゅうひょう》を主君として選ぶこともできたであろう。ところが、こともあろうに守るべき自分の城も、養うべき数多くの手兵《しゅへい》もない劉備を選んだ。このあたりは、逸民《いつみん》（隠者）の龐徳《ほうとく》公、師の司馬徳操《しばとくそう》からしっかりと、「清流《せいりゅう》」派の志を植え付けられた孔明である。

曹操・孫権は漢室の一族ではないばかりか、漢室に代わる覇権《はけん》主義にいる。漢室につながる劉表はすでに老いて、その復興の気概を喪失していた。荊州の一傭兵《ようへい》隊長になりさがっていた劉備ではあるが、漢室復興の大志だけは、いまもなおもちつづけていた。もっとも信頼している師友の司馬徳操、徐庶《じょしょ》がなぜ劉備に自分を推挙したのか、その気持ちが孔明には痛いほどわかっていた。ただ、孔明は自分の目で劉備の大志と器量のほどを確かめてみたかっただけである。

これが、軍師諸葛孔明の誕生のいきさつであった。

目次

Ⅲ　北伐と孔明の陣没

※本書に掲載した挿絵のうちで、特に出典を示していないのは、江戸時代に刊行された『絵本通俗三国志』（湖南文山筆、葛飾載斗〔二代目、北斉の弟子〕画）によるものである。

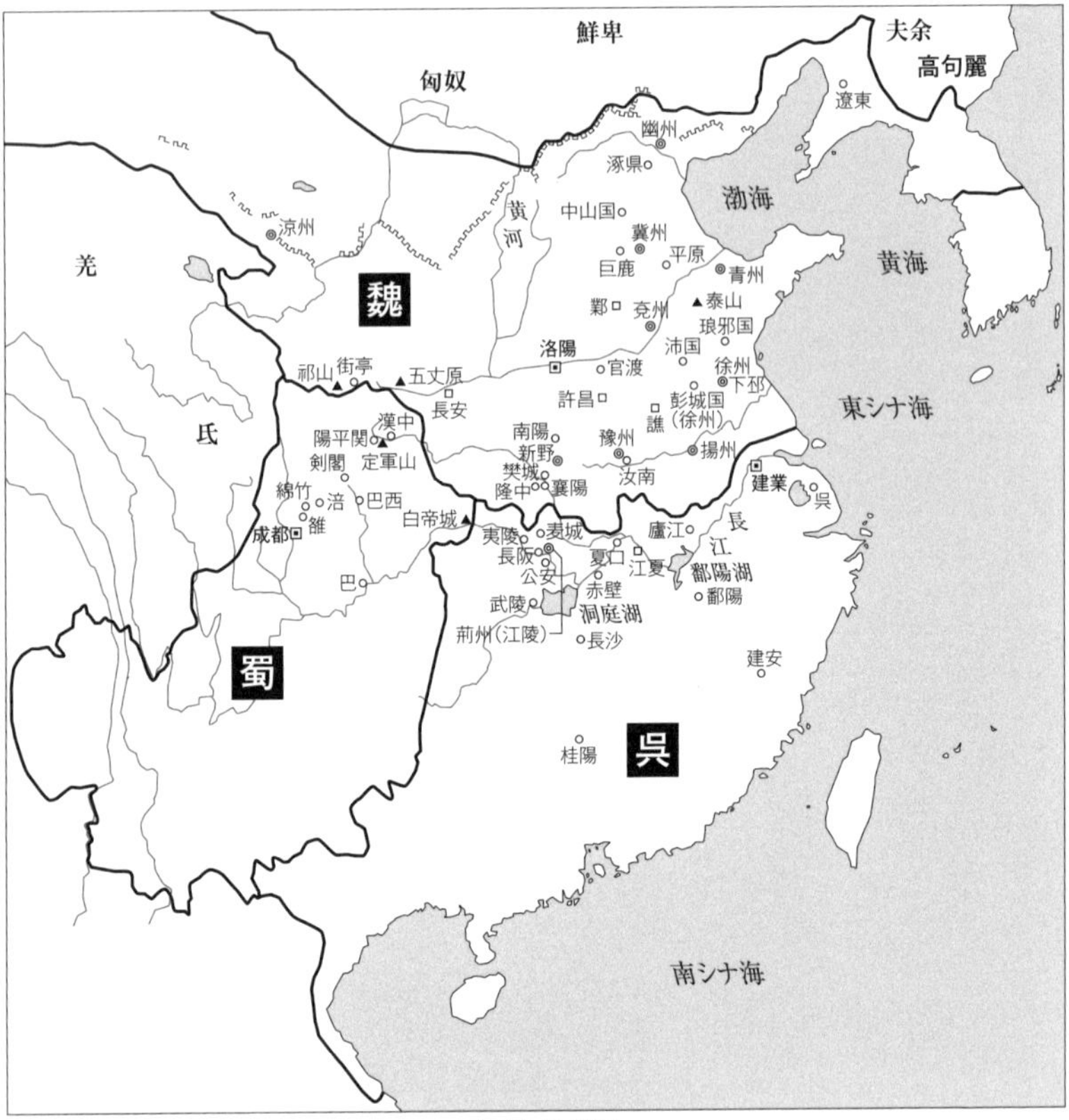
鮮卑
夫余
高句麗
匈奴
遼東
幽州
涿県
渤海
黄河
中山国
冀州
平原
巨鹿
青州
黄海
涼州
羌
魏
鄴
兗州
泰山
琅邪国
洛陽
沛国
徐州
祁山
街亭
五丈原
官渡
下邳
長安
許昌
彭城国（徐州）
東シナ海
氐
漢中
陽平関
定軍山
南陽
譙
豫州
揚州
剣閣
新野
樊城
汝南
建業
綿竹
涪
巴西
隆中
襄陽
呉
雒
白帝城
夷陵
麦城
廬江
長江
成都
長阪
夏口
江夏
公安
赤壁
鄱陽湖
鄱陽
巴
武陵
洞庭湖
荊州（江陵）
長沙
蜀
建安
桂陽
呉
南シナ海

三国時代地図

I

臥竜孔明と劉備

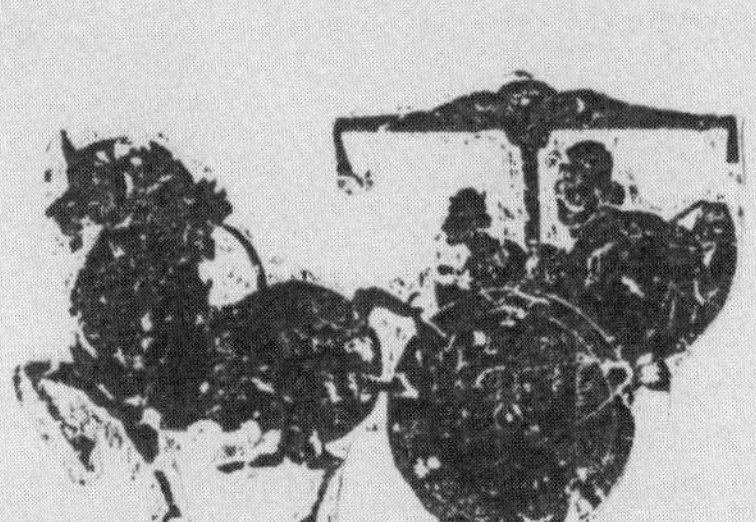

一　後漢末の政治状況と諸葛家

❖黄巾《こうきん》の乱

諸葛孔明（亮《りょう》、一八一～二三〇）が生まれたのは、後漢の霊帝《れいてい》（一五六?～一八九）の光和《こうわ》四年（一八一）である。この三年後の二月に、黄巾《こうきん》の乱が起こっている。

黄巾の乱は太平道《たいへいどう》とよばれる信仰結社が、世直しを求めてたちあがった農民反乱であった。彼らは頭に黄色い鉢巻《はちまき》を締め、黄色の旗を押し立てて戦ったので、黄巾軍ともよばれた。

当時の後漢末の政治は汚れきっていた。愚かな皇帝を自在に操る宦官《かんがん》の専断政治がおこなわれていたからである。もとより、宦官たちの念頭には、私利私欲を図ることしかなかった。当時から「濁流《だくりゅう》」とみなされてきたその政治支配の帰するところは、腐敗《ふはい》と堕落《だらく》しかなかった。その結果、収奪と搾取《さくしゅ》の対象となったのは、地方の農民であった。耐えかねた農民は土地を離れて流民化した。それに救済の手をさしのべてきた新興宗教が、太平道信仰であった。農民は蜜に群がる蜂のようにたちまちのうちに、これに吸い寄せられていった。

全国各地で、約四〇万の農民革命軍がこの太平道結社の決起を促す号令で、新しい国造りをめざして武器をとって蜂起したのだ。ほぼ一〇日ばかりで、各地の官府を焼き払い、黄巾軍は町から村へ、村から町へと、まるで燎原《りょうげん》の火のごとくかすめ去った。

慌てふためいた後漢政府は黄巾鎮圧軍を編制したが、これだけでは対応できず、各地方の豪族によびかけて、その部曲《ぶきょく》、つまり私兵を動員して、その鎮圧《ちんあつ》に乗りだした。

さすがの黄巾軍も、この鎮圧でしだいに追い詰められていくなかで、太平道結社の首領である張角《ちょうかく》（?～一八四）が急死したこともあり、ほぼ一年の間に、その主力軍は壊滅した。それでも、黄巾軍の分派は、各地で拠点闘争をくりかえし、それからほぼ十余年の間に、後漢王朝を揺さぶりつづけた。

❖山東の名門豪族

『三国志』の英雄・豪傑たちのほとんどが、歴史の表舞台に顔をそろえるのは、この黄巾の乱が風雲急を告げるさなかであった。してみれば、孔明もまたその幼少期に遭遇した黄巾の乱ではいかなる活躍もみせてはいないが、乱世の子としてきたるべき『三国志』の時代のために、この世に生まれ落ちた、数奇な存在であったといえるだろう。

黄巾の農民革命軍が発起した光和《こうわ》七年（一八四）の二月といえば、孔明は四歳になったばか

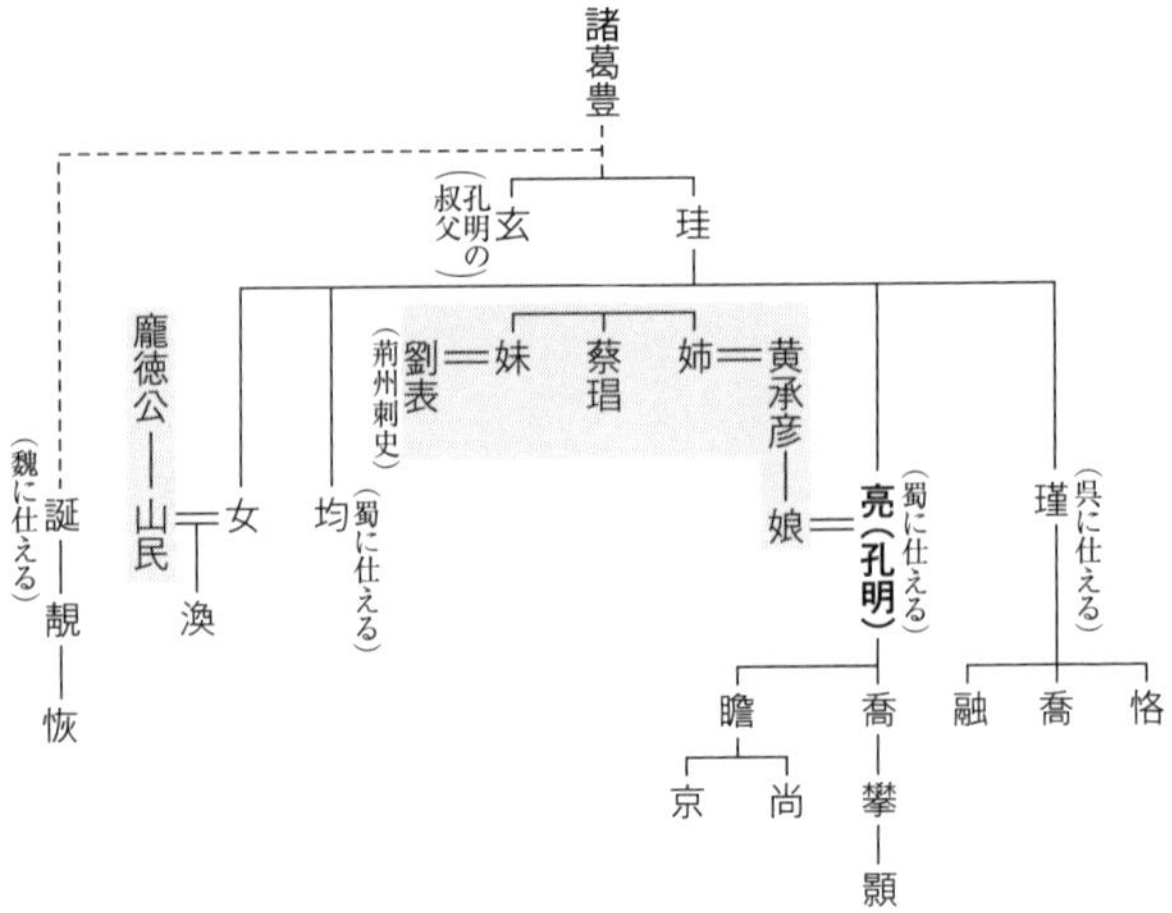

諸葛氏系図

りであった。そのころ、孔明は父親の諸葛珪《けい》が副知事として勤めていた役所の所在地、いまの山東《さんとう》省に属する琅《ろう》邪《や》郡の泰山《たいざん》県に住まっていた。

兄弟は四人。孔明の兄の瑾《きん》（一七四〜二六四）と弟の均《きん》、それに妹がいた。

孔明が生みの母の章氏《しょうし》を亡くしたのが一〇歳になるかならないかのこと。妹と弟はまだ目が離せない幼児であった。父はまもなく後妻を迎えたが、それから数年ならずして病死した。

兄の諸葛瑾は洛陽《らくよう》の都に遊学していたので、孔明兄弟三人は継母とともに、この山東の一角に肩を寄せ合うようにしてくらしていた。父の急死に遭っても、山東にいるかぎり、孔明の一家は生活に困ることはなかったはずだ。なにしろ諸葛氏といえば、この地方を代表する名門豪族の一つであったからである。

のちに、孔明の族弟にあたる諸葛誕《たん》（?〜二五八）が魏《ぎ》の宰相職《さいしょうしょく》の司空《しくう》にのぼり、孔明の実兄の瑾が呉《ご》に仕えて大将軍宛陵侯《えんりょうこう》となり、孔明が蜀《しょく》の丞相《じょうそう》となったのは、それぞれの才覚によるところも大であるが、琅邪の諸葛氏という名族の出でなければ、ここまでそろいもそろって、大官にのぼりつめることはできなかったであろう。

かくも一時に、卓越した人材を輩出した諸葛氏について、当時の人々はこううわさした。

蜀はその竜（孔明）を得、呉はその虎（瑾）を得、魏はその狗《いぬ》（誕）を得た。

三国時代、それぞれ異なった国で、第一級の人材として活躍したことも奇であるが、それだけに諸葛氏の存在は当時の注目するところとなっていたことを、このうわさは知らせている。

❖諸葛兄弟の流離

黄巾の乱の余震はまだつづいていた。群雄は各地でこの鎮圧に追われながらも割拠《かっきょ》して、たがいに勢力分野の拡充を図って、せめぎあっていた。少年孔明が住んでいた山東も例外ではなかった。とりわけこの地方では、黄巾軍の残党が最も頑強に、最も組織的に抵抗をつづけていた。泰山県にもその戦火はおよび、もはや安穏ではいられなかった。

洛陽に遊学中の長兄の諸葛瑾も、急ぎ帰郷した。かれは弟妹三人を叔父の諸葛玄《げん》（?～一九七）にあずけると、継母をともなって、いまだ比較的安定していた江南の地に、つてを求めて避難した。おそらく興平《こうへい》元年（一九四）か、あるいはその前年のことであろう。それも、当時は曹操《そうそう》（一五五～二二〇）が徐州牧《じょしゅうぼく》の陶謙《とうけん》と矛《ほこ》をまじえており、引きつづき山東にほど近い兗《えん》州《しゅう》で反乱を起こした呂布《りょふ》・陳宮《ちんきゅう》を相手どって戦かっていたので、山東から陸伝いの江南地方への南下は困難だったはずである。おそらくは山東から長江《ちょうこう》の河口に向けて、海路を利用してのことであろう。

兄の瑾は江南に安住できたならば、弟妹を叔父の下からよび寄せるつもりであった。ところが、それからほどなくして、叔父の諸葛玄が荊州牧《けいしゅうぼく》の劉表《りゅうひょう》（一四二～二〇八）の薦めで、予《よ》章郡《しょうぐん》の太守となり、その郡庁の諸在地である現在の南昌府《なんしょうふ》（江西省）に移り住むことになった。南昌は長江中流域をさらに南に深く入ったところ、北の山東からたいへんな距離である。孔明弟妹も、もちろん叔父に従った。時に興平《こうへい》二年、孔明一五歳のできごとであった。

❖叔父諸葛玄の最期

予章郡が呉の孫氏政権の支配下に属するようになるのは、この興平二年よりだいぶのちのことである。もともと予章太守の任命権は、後漢の天子にあったが、荊州牧の劉表は明らかにこれを無視して、前任者の急死で、空席となっていた予章太守に諸葛玄をすえたのである。それほどに後漢政府は無力化していたといえる。

予章郡は、江南地方でも劉表の支配領である荊州の南部、現在の湖南《こなん》省にほど近い要衝《ようしょう》の地である。将来もし劉表が江南・江東一帯に進出するさい、この要衝の地は格好の前線基地となることはまちがいない。そこで、劉表は権限外の地にもかかわらず、諸葛玄を予章太守に任命したのである。

劉表はもともと漢の王室につながる同姓の後裔《こうえい》であった。堂々たる風貌を備え、儒教の教養も深く、後漢末の「清流」派知識人のなかの名士として高い評価を受け、朝廷の内外で重きをなしていた人物であった。

第二次「党錮《とうこ》の禁」で、「清流」派知識人の主だった者たちが、宦官《かんがん》の大弾圧をこうむったとき、劉表は漢室の一族ということで難をまぬがれた。初平《しょへい》元年（一九〇）、董卓《とうたく》（?～一九二）が長安遷都《ちょうあんせんと》をおこなった年であるが、劉表は、朝廷に願い出て、荊州刺史《しし》（長官）として赴任、その地方の豪族の支持をとりつけて、事実上の独立政権を荊州に樹立した。

諸葛玄はこの劉表とは、都の大学生であった時代から親交があったのかもしれぬ。いずれにしてもよほどの旧知の間柄でなければ、しかも信頼関係になければ、突如、予章太守赴任の要請はできなかったはずだ。要するに、劉表の江南進出計画の重要な将来的布石が、非公式で唐突な諸葛玄の予章太守任命事件であったとみるのが、わたしの推測である。

ところが、諸葛玄が孔明弟妹をともなって、南昌府にのりこんでから、一年ほどして、後漢王朝は正式に朱晧《しゅこう》という人物を同じ予章太守に発令した。これで問題はこじれてきたが、どうみても、正式の辞令のない諸葛玄のほうが分が悪い。

やがて朱晧は軍兵を率いて予章郡に乗りこんできた。諸葛玄も南昌府の私兵を集めて、これを阻む態度に出た。このとき劉表が荊州から援兵をおくったという記録はない。見殺しにしたのであろうか。諸葛玄はついていなかったとみえ、あっさりと朱晧軍に敗れ去った。

そのあたりの事情はいま一つつかみがたい。

南昌府の西方に西城というところがあり、諸葛玄はしばらくそこに逃れていたが、土民の反乱にあって殺害されてしまった。

諸葛孔明兄弟はふたたび寄るべなき身となってしまった。建安《けんあん》二年（一九七）のことで、予州に来て、まだ二年しかたっていなかった。

このとき、諸葛孔明は一七歳になっていた。

兄の諸葛瑾と連絡がとれていたかどうかも定かではないが、たとえとれていたとしても、瑾が孫権《そんけん》の姉婿《あねむこ》にあたる曲阿《きょくあ》の弘咨《こうし》に認められ、推挙されて孫権に仕えるようになるのは、諸葛玄が殺された建安二年より、四、五年ののちのことである。まだ孔明兄弟が頼っていける状態ではなかったはずだ。

叔父の諸葛玄は朱晧が攻め込んでくるまえに、この抗争に孔明兄弟が巻き込まれるのを恐れて、ひそかに孔明兄弟を荊州の劉表のもとに避難させていたのではないか。これは、わたしの推測だが、いずれにしても、孔明兄弟が頼れる人物は、叔父の玄を予章に招いた荊州牧の劉表しかいなかったであろう。

❖隆中《りゅうちゅう》での生活

予章から劉表の居城である襄陽《じょうよう》、現在の湖北《こほく》省襄陽市にたどり着いた孔明兄弟は、さらにそこから北西二〇里(約八キロメートル)のところに入った、丘陵地帯の隆中《りゅうちゅう》の山麓に住み着くことになった。

一七歳とはいえ孔明は若き家長として、二人の弟妹のめんどうをみながら、乱世のなかを生きていく糧を求めて、自立する道をさがした。かくして、孔明の隆中における晴耕雨読の生活がはじまった。

不幸にして幼少期に両親を亡くし、さらに乱離の巷《ちまた》を流浪して孤独な苦労を背負って生きねばならなかった若き孔明は、そのなかで苦難にめげず、それに打ち勝っていくことのできる強い意志力を身につけたにちがいない。

彼はすでに八尺(約一九三センチメートル)、豊かな偉丈夫《いじょうぶ》に成長していた。

そのころの孔明について、『三国志』蜀書《しょくしょ》の諸葛亮伝はこう記している。

亮みずからは隴畝《ろうほ》を耕し、好んで梁父吟《りょうほのぎん》を為す。身長八尺、みずからを管仲《かんちゅう》・楽毅《がっき》に比《なぞら》う。時人は之を許《みと》めること莫《な》きに、惟《た》だ博陵《はくりょう》の崔州平《さいしゅうへい》、潁川《えいせん》の徐庶元直《じょしょげんちょく》のみは、亮と友善あり。信に然りと為《な》すと謂《い》う。

孔明が住み着いた襄陽の地方は、むかしから水陸交通の要衝の地として栄え、その街には各地の物資が豊富に集まってきた。ここから淯水《いくすい》に沿って北にさかのぼり、河南《かなん》省の宛《えん》（南陽市）を経由すると、都の洛陽に達することができた。この街のそばを流れる漢水《かんすい》を西北にさかのぼっていくと、いまの陝西《せんせい》省・四川《しせん》省にぬけることができた。さらに、襄陽から漢水に沿って南下すれば、長江に出て、東西流域地帯と往来することも容易であった。そのため、ここにいれば、おのずから東西南北各地のさまざまな情報が流れこむ仕組みになっていて、天下の形勢をうかがうには、まことにうってつけの場所であった。

隆中は、この襄陽の街からさらに西へ八キロメートルほど入った、樹木の生い茂った緩い丘陵地帯にあった。現在ではそのあたりは古隆中とよばれていて、孔明が膝を抱いて口笛を吹いていたといわれる抱膝亭《ほうしってい》という古跡がのこっている。孔明が草廬《そうろ》を営んでいたところから西の方角には、楽山と称する山があり、彼はしばしばそこに遊んだ。いまだ戦火がおよばない、こうした隆中のやさしい自然の風光に包まれて、あいつぐ不幸に見舞われてきた青年の傷ついた心は、少しずつ癒《いや》されてきた。

孔明の隆中における晴耕雨読の生活は、劉備玄徳《りゅうびげんとく》（一六一〜二二三）と出会って、「三顧《さんこ》の礼」でその軍師として迎えられるまで、ほぼ一〇年の間つづいていた。その間、先に挙げた『三国志』の諸葛亮伝がいうように、みずから、春秋時代の諸侯《しょこう》を糾合《きゅうごう》して斉《せい》の桓公《かんこう》をして天下の覇者《はしゃ》たらしめた管仲《かんちゅう》と、斉の七〇余城を降した燕《えん》の楽毅《がっき》に比し、それを認めるすぐれた師友に囲まれて、学問に励み、こころおだやかに隴畝を耕していたのである。

❖梁父《りょうほ》の吟

諸葛孔明は一七歳になって、荊州随一の都城《とじょう》、襄陽にほど近い隆中の山中に居を定めて、ようやくにして安らぎの地を得ることができた。

その平穏な暮らしのなかで、ときおり孔明が愛唱していた謡《うた》があった。「梁父《りょうほ》の吟《ぎん》」という謡で、彼の故郷、斉の地方でうたわれていた古い歌謡であった。

歩みて出《い》づ斉の城門
遥かに望む蕩陰《とういん》の里
里中に三墳有り

累々《るいるい》として正《まさ》に相い似たり

〔斉城とは春秋時代の強大国斉の国の都城である。その門を出て、はるかに南のほうを眺めると、そこに蕩陰の里がある。ここには三つの墳墓《ふんぼ》があって、うずたかく、同じようなかたちで築かれている。〕

問う是《こ》れ誰《た》が家の墓ぞ
田彊《でんきょう》と古冶子《こやし》なり
力は能《よ》く南山を排し
文は能く地紀《ちき》を絶つ

〔この三つの墳墓はだれのものかと問えば、それは斉の勇士であった田開彊《でんかいきょう》と古冶子の墓であるという（五言詩の制約から豪傑《ごうけつ》二人の名しかあげていないが、じつはこのほかにも公孫接《こうそんせつ》という豪傑の墓もあった）。この三人には南山を抜《ぬ》くほどの力があり、地紀を絶ちきるほどの才知を備えていた。〕

一朝讒言《ざんげん》を被《こうむ》れば
二桃《にとう》もて三士を殺す
誰か能く此《こ》の謀《はかりごと》を為す
相国斉の晏子《あんし》なり

〔ある朝突然のことに、この三人の豪傑は讒言されて、二つの桃を三人で奪い合いをしたのであろうか。三人とも殺されてしまった。いったいだれが、このような謀をめぐらしたのであろうか。それはあの宰相晏子であった。〕

じつは、この「二桃をもって三士を殺す」事件の経過については、その発端から結末まで、事件の当事者であった晏子（?～前五〇〇頃）の言行録である、『晏子春秋』という書物が詳細を尽くしている。それによると、事件の経緯はこうである。

「むかし、春秋時代に、斉の国王景公《けいこう》（?～前四九〇）に仕えていた三人の豪傑がいた。公孫接・古冶子・田開彊で、いずれも一騎当千の連中。ともすれば傍若無人の振る舞いが多かった。この三人が力を合わせれば、斉の国が危ないと考えた宰相の晏子は、景公と謀《はか》って三人の豪傑がそろっているところに二個の桃を下賜《かし》して、『おまえたちのなかで、われこそは功労があると思う者は、遠慮なくこの桃を取って食べるがよい』と言わせた。晏子は三人の豪傑の自負心をあおっておいて、たがいに決闘させようとたくらんだのである。

するというと、虎を打ち殺して勇名をはせた公孫接は、これは晏子の策謀で、われわれの仲間割れをねらったものだと察したが、体面にこだわったのか、すばやく一個の桃をつかみ取った。それにつづいて、三軍を率いて功を立てた田開彊がもう一個の桃を奪い取った。これを見て怒り心頭に発したのは、いうまでもなく古冶子である。古冶子は、『わしはかつて主君に随って黄河を渡ったとき、泳ぎを知らなかったにもかかわらず、河にもぐって大亀を捕まえて殺し、人はみなわしのことを河伯《かはく》（河の神）といって褒めたたえたものだ。わしこそ桃を取る資格があるのに、おまえたちが先に桃を取ってしまったのはけしからぬ。早く桃を返せ』と迫り、剣を抜いて立ちあがった。

ここで三者が渡り合うかと思えたが、古冶子の話を聞いて桃を先取りした二人の豪傑は、にわかに羞恥《ちじょく》の色を浮かべ、『われらの勇は古冶子にはおよばない。ここで桃を譲らなければ貪《どん》欲《よく》といわれ、ここで死ななければ勇気がないことになる』と自己批判して、二人とも桃を返し、それぞれ自刃して果ててしまった。傍らでこの様子を茫然《ぼうぜん》と眺めていた古冶子も、『二士、これに死し、冶ひとり生くるは不仁なり。人を恥ずかしむるに言をもってし、その言に誇るは不義なり。おこなうところを恥じて死せざるは勇なきなり』と言い放って、桃を取らずに、これまたその場で自殺した。そこで景公は三人の豪傑を、士礼をもって手厚く葬ったという」

これが『晏子春秋』に記された「二桃をもって三士を殺す」事件の経緯であった。豪勇の功を頼んで傍若無人の振る舞いを見せた三人の豪傑には、いつの日か、斉の国に災いをもたらす危険性があるとみてとった宰相の晏子が、二桃の計をめぐらして、すばやく禍いの芽を摘み取り、一国の安泰を謀ったことになる。三人の豪傑は除かるべくして除かれたのである。『晏子春秋』は、倫理的な恥辱心を理由にして、それぞれ自殺していく豪傑の末路を事細かに描きながらも、少しもそれに同情していないのは、そのためであった。

諸葛孔明が愛唱した「梁父の吟」には政治とか、一国の運命とかには直接のかかわりがない民衆次元での受け止め方がある。言い換えるならば、武勇に秀でた三人の豪傑が晏子の謀計にはめられて、あっけなく殺されていった哀れな運命に、民衆が厚い同情を寄せてうたったのが、「梁父の吟」であった。

そのためか、花田清輝《はなだきよてる》(一九〇九~七四)は『随筆三国志』のなかで、いっぱんからは、斉の瑯邪《ろうや》の出身である孔明が、好んでその歌(梁父の吟)をうたったのは、かれの望郷の念のしからしむるところであって、歌の内容とは、ほとんど無関係であるとおもわれている。しかし、はたしてそうか。わたしには、そこでうたわれているような、奸智にたけた晏子のマキァヴェリズムの犠牲になり、たちまち身をほろぼしてしまった三士のあわれな運命が、なんらかの意味において、若い孔明の心をゆさぶったがゆえに、かれは、その歌を好んでうたっていたような気がしてならないのだ。

という。

はたして、花田清輝がいうように、三人の豪傑の哀れな運命が孔明の心を揺さぶったがゆえに、孔明は「梁父の吟」を好んでうたっていたのであろうか。わたしには、どうもそれだけの理由だけではなかったように思えてならないのだ。

❖管仲《かんちゅう》・楽毅《がっき》への共感

観点を変えてみよう。孔明と同じような当時の知識人の間に伝えられてきた晏子像はいかなるものであったか。その代表的なものの一つである司馬遷《しばせん》（前一四五?〜前八七?）の『史記《しき》』によると、晏子は剛直で義に厚い国士であったと評価されている。しかも司馬遷は、「もし晏子が現在生きていたならば、わたしはその御者《ぎょしゃ》となって鞭《むち》をとってもいいとまで敬慕しているのだ」とまで語っている。司馬遷がこれほどまでに褒めちぎった人物はめずらしい。これが当時の知識人層に伝えられていた晏子像である。

『史記』は、すでに後漢時代から世間でよく読まれるようになっていた。それにつづく三国志時代から六朝《りくちょう》時代にかけて、『史記』は当時の知識人に親しまれ、いっそう身近な必見の史書となっていた。孔明が『史記』を読んでいたとしても、いっこうに不自然でない文化の状況がそこにあったといえるのだ。

こうした推察ができるばかりではない。孔明が好んで、「梁父の吟」をうたっていたとする『三国志』の諸葛亮伝の記事のすぐあとにつづいて、

亮はみずからを管仲《かんちゅう》・楽毅《がっき》に比《なぞら》う。

という記事が出てくるが、孔明が管仲（?～前六四五）・楽毅（生没年不詳）の伝記に親しみ、彼らの生き方に共鳴し、敬意を抱くようになったのは、『史記』の読書を通じてであったことは、ほぼまちがいないところである。とりわけ斉の宰相として有名な管仲のようになりたいと考えていた孔明は、当然司馬遷がその御者にまでなってよいと敬慕して描いた晏子像を、克明に焼きつけていたはずであった。

かくみれば、孔明が「梁父の吟」を好んでうたっていたのは、おそらくは、ただ三人の豪傑の哀れな運命に、若いこころを揺さぶられただけでなく、二桃で三士を殺す謀をめぐらした晏

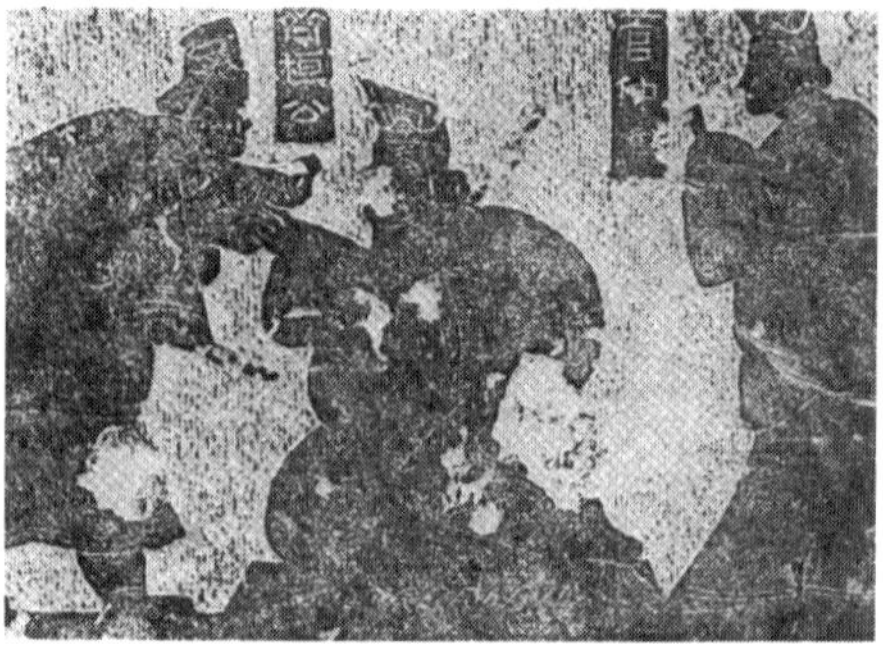

桓公と管仲　中央が桓公、右端が管仲。（中国山東省にある武梁祠の漢代の画像石）

子の国士宰相としての冷めた知性にも深く感じるものがあって、乱世に生きることの辛さをしみじみと味わうことができたからではあるまいか。このときの諸葛孔明は若者ながら、一国の運命を双肩に担い、おのれを知る君主のために苦悩した斉の管仲、燕の楽毅の生きざまに、熱い思いを寄せていたのだから、なおさらわたしにはそのような気がしてならなかったのだ。

管仲はもともと斉の桓公《かんこう》（?～前六四三）に弓を引いた反逆者であったが、「管鮑《かんぽう》の交わり」で知られた親友の鮑叔《ほうしゅく》のとりなしで、桓公に重用され、宰相にまでなった人物である。その処遇にこたえて管仲は、富国強兵につとめて、桓公を列国の覇者《はしゃ》たらしめるべく、その実現に向けて自分のすべてを燃やし尽くしたのである。楽毅はもとはといえば、戦国時代の魏《ぎ》の臣下であった。魏の使者として燕《えん》の国に出向いたとき、燕の君主昭王《しょうおう》（?～前二七九）は彼の器量にほれこみ、これを招いて上将軍にすえたのである。楽毅も己のなかにある軍事の才を洞察し、それにふさわしい処遇をあたえた昭王のために、その後、燕の仇敵《きゅうてき》であった斉の国を壊滅《かいめつ》させるべく、死力を尽くしたのである。

管仲と楽毅は、ともに己を知る者のために、死力を尽くし、才知を傾け、一国の運命を大きく切り開いていったポスト・ツーの人物であった。孔明はこの二人の生きざま、考え方にすっかり共鳴し、自分もいつの日かそのような人物になりたいと考えていたのであろう。

❖隆中の朋

つねづね孔明が管仲・楽毅を引き合いに出して、自分の抱負を語るので、世間の人々は、「身のほどを知らぬやつだ」と冷笑していたが、ただ友人の崔州平《さいしゅうへい》（生没年不詳）と徐庶《じょしょ》（?～二三四?）の二人は孔明が大器であることを見抜いていて、「たしかにあいつの言うとおりだ」と、高く評価していたという。

崔州平は博陵《はくりょう》、今の河北《かほく》省衡水《こうすい》市の名族崔氏の一族で、父は後漢の太尉《たいい》（軍務大臣）の崔烈《さいれつ》であった。おそらく戦火を逃れてのことであろう、隆中にほど近い檀渓《だんけい》に居を構えて、同じ檀渓に住んでいた徐庶と親しくつきあっていた。

徐庶は字《あざな》を元直《げんちょく》といい、名門の出自であった崔州平とは違って、名もない家の生まれであった。もとの名は福。若いころから男だてをきどり、剣の修業に熱をあげていた。義侠心が強く、知人の仇討ちをしたために、刑吏《けいり》は車に柱を立てて、徐庶を縛りあげて市中のさらしものにした。触れ太鼓を打ち鳴らして、彼を知る者は名乗り出よと告げたが、だれも出てこない。そのうち仲間が刑吏の手から奪回して逃してくれた。これより感じるところがあって、徐福は名を庶と改め、男だての世界を捨て、辞を低うして、ある学者の門をたたき、やがて学問全般に精通するに至った。そのころできた彼の知己が、同郷の石韜《せきとう》（生没年不詳）である。

初平年間（一九〇～一九三）、徐庶は故郷の河南で戦が始まったので、友人の石韜とともにいまだ戦乱に見舞われていなかった荊州の地に避難したのである。

関東の豪勇が袁紹《えんしょう》（?～二〇二）を盟主にして、いっせいに反董卓《とうたく》の兵を挙げたので、董卓はこれを恐れて長安遷都を強行し、洛陽を焼き払ったのが、初平元年。曹操が関東同盟軍に先駆けて、董卓軍と滎陽《けいよう》で戦って敗退したのも、この年のことである。これで洛陽ならびにその近畿地方の河南一帯の人々は、南西の荊州に向けて避難を始めたのである。

諸葛孔明が荊州の隆中に移住したのが、建安二年（一九七）のことであるから、そのときは、のちに孔明の親友となる徐庶・石韜たちが、荊州の襄陽に住み着いて、すでに六、七年の歳月が流れていたことになる。

それぞれ出身地を異にしたこの若者たちが、どのような糸に結ばれて、親しく交わるようになったのか。それを知るためには、当時荊州における政治的文化的な状況をいちおうつかんでおく必要があるであろう。

二　劉備、駕を枉《ま》げて草廬の孔明を訪ねる

❖荊州の「清流」派知識人

諸葛孔明が安住の地とした荊州は、現在の湖北省と湖南省を含む広大な地域を指しているが、後漢末の当時としては、戦乱の災禍《さいか》で攪乱《かくらん》されることの比較的少ない一種の真空地帯であった。ために動乱の巷《ちまた》と化した中原の地を逃れて、遠くこの地をめざし、数多くの知識人が集まってきた。

彼らが荊州をめざした理由はほかにもあった。じつは、そのとき荊州牧として実権を握っていた劉表は、その劉姓が示すように漢室の一族であり、しかも「清流」派知識人の名士として厚い尊敬を集めた人物であった。中原の地から避難してきた人々のなかには、その名望を慕い、その政治的手腕を期待する向きもあったのだ。

劉表が荊州の長官として赴任してきたのが、後漢末の初平元年（一九〇）のことである。孔明がこの地に移住してきたときには、すでに劉表の治政は七年におよんでおり、中原の地とは

現在の荊州城　湖北省荊州市にある。『三国志演義』の荊州城にもとづくものであろう。

性格を異にした独特の文化圏を形成していた。荊州の都城《とじょう》・襄陽には、司馬徽《しばき》（?〜二〇八）・宋忠《そうちゅう》といったすぐれた学者が存在していて、遠く巴蜀《はしょく》（四川省）の地からも、彼らの学識を慕って勉学にきたといわれている。

　孔明が襄陽で師事したのは、このなかの司馬徽であった。そこで孔明は潁川《えいせん》郡出身の徐庶・石韜と知り合い友人となったのである。

　司馬徽（字は徳操《とくそう》）もまた潁川郡の出身で、「清流」派知識人の生きのこりであったが、荊州の地では逸民《いつみん》（隠者）的存在として、彼のもとに集まってきた子弟の教育にあたっていた。

　徐庶が荊州に避難してきたのは初平年間の初めのころであるが、それ以前に、彼は潁川の地のどこかですでに司馬徽とめぐりあっていた。『三国志』蜀書の龐統《ほうとう》伝の注に引く『襄陽記』

によると、荊州に避難した徐庶は、いまだ潁川に在任していた司馬徽に、〈客として荊州の地においでになるときには、わたくしめのところにお越しになって、龐徳公《ほうとくこう》とお話しくださるように〉と勧めているからである。

龐徳公（一六三?～?）とは、孔明が敬慕してやまなかった荊州峴山《けんざん》に住む逸民である。その甥の龐統（一七九～二一四）の勧めで、荊州から二〇〇〇里の道を遠しとせずに潁川の司馬徽を訪ね、師事している。この関係で、建安二年か三年のころ、徐庶と石韜はすでに潁川から荊州に戻っていた龐統を知るようになり、またそのつてで龐徳公に親しむようになったのであろう。

徐庶の勧めがあってからまもなく、司馬徽が戦乱の地となった故郷潁川を捨てて、まっすぐに訪れたのは荊州の龐徳公のところであり、その逸民的風韻《ふういん》にふれて兄事することになったのである。

かくして荊州の地に落ち着いた司馬徽は、襄陽のどこか一角に暮らしをたてるための学問所を開き、好学の士を集めた。おそらく、そこにまっさきに弟子入りしたのは、旧門下生の徐庶・石韜であり、龐統であったにちがいない。さらには龐徳公・龐統を介して孔明が加わり、汝南《じょなん》出身の孟建《もうけん》、河北省から来た崔州平も、その門下に入った。

司馬徽の学問所にあっては、孔明を除く他の学生たちはテクストの一字一句にこだわって重箱のすみをほじくるようにして学問したが、孔明はひとととおりテクストを通読するだけで、細かい詮索《せんさく》はしようとしなかった。当時は経学《けいがく》といって経典の一字一句をせめて、学の蘊蓄《うんちく》を究める学風がはやっていた。そのため、実学の志をもつ青年には、その経学の方法はなじめなかったにちがいない。

孔明は学友たちの勉強ぶりに水をさすように言った。

「卿《きみ》ら三人は仕官すれば、州の長官の刺史《しし》、郡の長官の太守までぐらいは出世するだろう」

「では、そういうきみはどうなるのか」

と詰め寄られると、孔明はただ笑って答えなかった。

❖臥竜《がりゅう》と鳳雛《ほうすう》と水鏡《すいきょう》

孔明が妻を迎えたのはいつのころか不明であるが、襄陽の街沿いに流れる漢水《かんすい》の南岸、沔南《べんなん》の地に住む豪族に、黄承彦《こうしょうげん》なる人物がいて、自分の娘の婿殿《むこどの》になってくれと孔明に申し出た。

「あなたは奥さんをおさがしだと聞いていますが、私の娘をもらってはいただけないか。じつのところ、娘は色が黒く、髪も赤茶けて、その容貌はさっぱりですが、才気にすぐれているのがせめてもの取り柄です。家内にしていただければ、その役割は立派に果たせる女だとおもっていますが、いかがでしょう」

孔明は笑ってうなずき、黄承彦の娘を妻として迎え入れた。これを知った人々は、「まねするな、孔明の嫁選びを。とんだ醜女《しこめ》をひきあてた」とはやしたてたという。のちにこの醜女が賢夫人となり、おおいに内助の功をあげるようになる。

孔明と一緒に隆中で暮らしていた妹は龐山民《ほうさんみん》に嫁ぎ、弟の均も南陽の林氏《りんし》から妻を迎えた。龐山民の父親は龐徳公である。

孔明はこの龐徳公をたいへん尊敬していて、その家を訪れても、牀下《しょうか》に拝して、けっして長話をすることはなかった。よほど威厳のある逸民であったのであろう。そういえば、のちに劉備玄徳に「三顧の礼」をとらせた孔明もどこか龐徳公に似て、逸民の風格を若くして備えていたように思われる。おそらく、龐徳公が孔明にあたえた影響は、すこぶる大なるものがあったと考えてよいであろう。

龐統

孔明の義理の弟となった龐山民は、のちに魏に仕えて黄門吏部侍郎《こうもんりぶじろう》になる。兄と妹は蜀と魏に分かれて案じ合うことになる。孔明の兄の瑾が呉に仕えてその重臣となっており、諸葛兄弟はなるほど三国乱離の状況を象徴するかのような兄弟・兄妹であった。

龐徳公にとって甥にあたる龐統は、字を士元《しげん》といい、孔明より二歳の年長であった。質朴で鈍重な性格だったので、あまり世間の注目を浴びることはなかったが、ただ一人これを認めていたのが、龐徳公の弟分にあたる司馬徽であった。この高名な学者は「清流」派知識人の流れをくむだけあって、人の才格・器量を見抜く眼力では、すでに定評があった。

龐統がかつて二〇〇〇里の道を遠しとせずに、潁川の地に司馬徽先生を訪れたことがある。おりから先生は桑の木に登って葉を摘んでいたので、龐統は樹下に座して、先生と話し始めて時のたつのを忘れ、いつのまにか夜を迎えてしまった。あとで司馬徽は、「南州の冠冕《かんべん》なり」──荊州江南地方における第一級の人物だと、龐統を激賞したという。

のちに龐統は孔明とともに蜀の劉備に仕え、その軍師として大活躍する。

龐徳公は孔明・龐統・司馬徽の三人を、

「諸葛孔明は臥竜《がりゅう》、龐士元は鳳雛《ほうすう》、司馬徳操は水鏡《すいきょう》だ」

と評している。臥竜とはいつの日か雲を巻き起こして天に昇る潜竜《せんりゅう》、鳳雛とは将来鳳凰《ほうおう》となるそのひな鳥、水鏡とは人間を映し出す鏡、つまり人物を見抜く眼識を備えた人物だとみたのである。

このように評価された孔明の存在は、若者ながらしだいに襄陽の名士たちの注目を集めるようになった。

❖劉表、その人物評

黄承彦がぜひともわが娘の婿になってほしいと孔明を所望したのも、襄陽の名士たちの間で孔明の人格と識見が高く買われていたからである。孔明が隆中で晴耕雨読の生活をしていたにしても、その出自は山東の名族であった。家柄にも不足はなかったはずである。

孔明の義父となる黄承彦は蔡諷《さいふう》の娘を娶《めと》っていた。蔡諷は息子の瑁《たん》とともに、荊州刺史となって劉表がのりこんできた当初から、彼を支援したこの地方の豪族であった。そうしたことから、劉表は蔡諷のもう一人の娘を後妻としていたので劉表と黄承彦は義理の兄弟の間柄となっていた。

諸葛孔明が黄承彦の娘を妻とすることで、荊州刺史の劉表との関係はより近いものとなっていたはずだ。にもかかわらず、孔明は劉表のもとに出仕しようとしなかったのはなぜであろうか。

その理由は荊州の領主となった劉表の人物とその政治的識見にあった。

孔明が慈父のごとく慕った龐徳公、彼が師事していた学者の水鏡先生こと司馬徽はいずれも劉表を高くかっていなかった。

『後漢書』逸民伝によると、劉表は峴山に住む龐徳公のもとに来て、仕官を勧めたが、龐徳公は鋤《すき》の手を休め、畦道《あぜみち》に腰を下ろして目の前で草むしりをする妻子を見ながら、

「世間の人々は子孫に危険をのこすが、わしだけは子孫に安泰をのこすのだ」

と語って、劉表の勧誘をきっぱり断ったという。

そしてまた、『世説新語《せせつしんご》』言語篇の注に引く「司馬徽別伝」によると、劉表は、司馬徽が立派な人物でありながら、荊州では不遇であるという評判を聞いて、彼を訪ねているが、その村《そん》夫子《ぷうし》然たる風貌をみて、

「世間の人々の評価はでたらめだ。ほんのつまらぬ書生じゃないか」

とあざ笑ったという。

ところが、その「司馬徽別伝」の著者は、「深い知恵がありながら、一見愚かにみえること、かくの如くであった」と、劉表の人間を見抜けぬ見識の低さを突いて、かえって司馬徽をたたえている。

もとより司馬徽は劉表に仕える気など毛頭なかった。劉表は暗愚《あんぐ》で、善人を損なうだろうと、その本質を見定めていた。

劉表は前々から袁紹と手を結んでいた。河北の袁紹が北から、荊州の劉表が南西から、中原

に近い位置にいた曹操を挟み撃ちにする態勢づくりをおこなってきた。名門貴族出身の袁紹ならばともかくも、宦官《かんがん》の家を出自とする成り上がり者の曹操なんぞは、漢室に連なる劉表の自負からすれば、とうてい仲間になる相手ではなかった。ところが、曹操は官渡《かんと》の戦い（二〇〇年）で強敵袁紹を破り、いっきに河北の広大な領土を制覇したのである。劉表がまさかと思っていた最悪の事態が出現した。いまや荊州は曹操の攻略目的にされ、その脅威にさらされていた。

しかも劉表は老いて病気がちであった。建安一二年（二〇七）、袁紹の子が逃げこんだ烏桓《うがん》を征討した曹操のすきをついて、中原の地に出兵してはという積極策を、劉表に進言した者がいた。それは袁紹のもとから逃れきたって、劉表の一傭兵《ようへい》隊長となっていた劉備《りゅうび》であった。劉表がこの献策を拒んだのも、これまで万事が消極的で事なかれ主義でやってきた彼の優柔不断な態度からでたものであった。

漢室の一族でありながら、劉表には衰退の一途をたどる漢王朝の復興を図る志などなかった。かつての「清流」派知識人のなかの名士も、いまや荊州を保持していくことに汲々《きゅうきゅう》たるのみで、一家の内紛さえもおさえる器量を失っていた。

曹操

劉表の長子の劉琦《りゅうき》と二男の劉琮《りゅうそう》とはたがいに反目し合っていた。劉琮の母は地方豪族の蔡氏《さいし》出身とあって、その支援を背景に腹違いを追い落として、跡目《あとめ》相続をねらっていたからである。荊州はまことに不安定な政情にあった。

孔明の側からすれば、この劉表政権に出仕しようと思えば、その手だてはいくらでもあったはずだ。義父の黄承彦を介し、さらにまた非運の最期を遂げた叔父の諸葛玄の旧交を頼みとして、劉表に接近できたはずである。

にもかかわらず、そうすることを潔しとしない何かがあったとすれば、それは荊州の政情を不安定にしている劉表の政治的見識と手腕をみて、自分を託するに足りない人物だと孔明が判断していたからである。

❖徐庶、臥竜を推薦する

建安初年（一九六）からほぼ一〇年の間、いまだ荊州は平和な別天地であった。その繁華第一の都市襄陽一帯には、後漢末の「清流」派知識人の毅然たる骨格を、逸民の生活のなかで守りつづけていた龐徳公・司馬徽を中心に、崔州平・徐庶・石韜《せきとう》・孟建《もうけん》・龐統といった師友がいて、青年時代の孔明は晴耕雨読の生活とはいえ、きわめて恵まれた人間的環境のなかで、知力を蓄えつつ人間を磨き、臥竜のごとくいつの日か世間に躍りでる機を待ちつづけていた。

いままで太平の夢をむさぼってきた荊州であったが、建安一〇年（二〇五）あたりから、むしろ荊州は曹操の脅威にさらされるようになり、まことに不安な政治状況のなかにあった。劉表の一族にまかせておいては、おそらくは曹操の脅威をはねかえし、荊州の安定はのぞむべきもないという不安が、荊州の人々をとらえていた。

そのため、襄陽の北方にある新野城《しんやじょう》に駐屯《ちゅうとん》している劉備玄徳《りゅうびげんとく》に寄せる荊州人の期待が大きくなり、彼の挙動はいまや心ある荊州知識人の注目するところとなってきた。このことを察知してか、劉表の劉備に対する態度はしだいに冷たくなっていた。

しかし、劉備玄徳はこの荊州では、劉表のふところに飛びこんできた敗残の将軍であり、一傭兵隊長にすぎなかった。

いずれは近いうちに荊州に襲い来るであろう曹操の大軍にどのように対処し、それを乗り越えることができるのか、これまで燃やしつづけてきた漢室再興の大志を活かすには、これからどうしたらよいのか、このときの劉備は皆目見当がつかぬというのが実情だった。

劉備の側には、関羽《かんう》（一六〇？〜二一九）・張飛《ちょうひ》（一六〇年代？〜二二一）・趙雲《ちょううん》（一六〇年代？〜二二九）といった一騎当千の荒武者がそろっていたが、いま、当面している劉備の難問を解きほぐし、助言をあたえてくれる知謀の士が欠けていた。劉備は荊州の野に遺賢《いけん》を求める必要にかられていた。

劉備に助言をあたえ、飄然と去る司馬徽

この時、劉備が訪れたのは、人物の目利きとして評判の高い水鏡先生こと司馬徽であった。

司馬徽の答えはこうであった。

「儒者や俗人では、時勢にあった仕事はできません。それを知っているのは俊傑《しゅんけつ》だけです。この地方では伏竜《ふくりゅう》と鳳雛《ほうすう》ならいます。それは諸葛孔明と龐士元《ほうしげん》です」

これは『襄陽記』の記事によるものであるが、『三国志』蜀書の先主伝では、劉備がかねてからの知人であった徐庶にも、遺賢の存在を尋ねたことになっている。

徐庶から返ってきた答えは、

「私の友人に諸葛孔明がいます。これは臥竜です。将軍はお会いになりませんか」

劉備は諸葛孔明に会ってみたいと思った。

「きみの友人なら、きみがいっしょに連れて来てはくれまいか」

と劉備が頼むと、徐庶は頭を横に振って言った。

「この人物には、将軍のほうから出かけていって会うべきで、呼び寄せてはいけません。どうか駕《が》を枉《ま》げて、孔明の家を訪ねていただきたいのです」

当時の劉備は一傭兵隊長とはいえ、いまだ左将軍、宜城亭侯《ぎじょうていこう》の肩書きはきえておらず、千軍万馬の間をかけめぐってきた将軍としての実力と名声は、つとにこの地方で知れわたっていた。劉備ならば、荊州の安全保持のために曹操と対等に戦ってくれるかもしれぬという期待が、この地方の人士の間にあったのも、そのためであった。

❖「三顧《さんこ》の礼」

この劉備が白面《はくめん》の一青年を訪ねたのである。それも「三顧《さんこ》の礼」を尽くしてのことであった。

後年、孔明が「出師《すいし》の表《ひょう》」のなかで、

「先帝（劉備）は臣の卑鄙《ひひ》なるを以てせず、猥《みだ》りに自ら枉屈《おうくつ》し、臣を草廬《そうろ》の中に三顧して、臣に諮《はか》るに当世の事を以てす」

と回想しているのが、それである。

「三顧の礼」を尽くしたのは、野に遺賢を求めることに急であった劉備側の事情によるものであったが、襄陽の名士の間でたいへん評判の高い孔明が、山東の諸葛氏という名門の出であること、しかも現にその兄の諸葛瑾は呉に仕え、その族弟の諸葛誕《たん》は魏に仕え、それぞれ重用されていることを、劉備は十分考慮に入れてのことであった。

花田清輝は『随筆三国志』のなかで、孔明を「三顧の礼」で迎えようとした劉備の態度を、同じく喉《のど》から手が出るほどに、賢者を欲しがっていた曹操と比較して、つぎのように語っている。

そこへいくと、木のほうで鳥を選び、三度もその鳥をおとずれることによって、それまでの中国における君臣の関係にコペルニクス的な転回をあたえた劉備のほうが、曹操よりも、はるかにあたらしい思想の持ち主だったといわなければならないのだ。それは、たぶん、劉備が、曹操にくらべると、無学だったとはいえ、乱世のいかなるものであるかを、骨身にてっして知っていたからであろう。儒教的なイデオロギーによってささえられてきた漢代の世界が、音をたてて崩壊してしまった以上、君臣の関係もまた、あたらしい思想にもとづいて、建てなおさなければならないことはいうまでもないのだ。「君子は重からざれば威あらず。」というが、これからの「賢君」は、君主としての沽券《こけん》など、きれいさっぱり、かなぐりすてて、一人の「賢臣」を得るためには、低頭平身しながら、足を棒にしてあるきまわらなければならないのである。

堂下で孔明の午睡が覚めるのを待つ劉備

中国の大河小説『三国志演義《えんぎ》』は、雪に埋まった隆中の山中を、劉備が関羽・張飛をともなって孔明を訪ねたり、孔明が午睡《ごすい》から覚めるまで、その堂下で、劉備が待つといった劇的な場面を設定しているが、「人を知り、士を待する」ことに熱心であった劉備の態度は、この小説のなかにみごとに描きこまれていたとみてよい。

ともあれ、劉備の熱意と誠意は人を感動させずにはおかないものがあった。

その感動を伝えて、孔明の「出師の表」は、

是《これ》に由《よ》りて感激し、遂《つい》に先帝に許すに駆馳《くち》を以てす。

と伝えている。

❖「天下三分の計」構想

三たび訪れてきた劉備に、はじめて顔をみせた孔明は、人払いをして自室で対面した。

まず劉備が時勢についてきりだした。私は漢の王室の衰微《すいび》を嘆き、これを再興しようと志を立てたものの、事は志とたがい、ついに失敗して今日に至った。漢王朝の衰退を望む勢力が強くなったいま、いったいどうしたらよいのか。——この問いに孔明は答えて、こう説き始めた。

「董卓《とうたく》が都の洛陽に入ってから、豪傑はならび起こり、州にまたがり郡につらなる者は数えきれぬほどでありました。曹操は袁紹に比べると、名声も勢力も劣っておりましたが、曹操は最後には袁紹に勝つことができました。弱い者が強くなることができたのは、天運に恵まれていただけでなく、人の知謀《ちぼう》にもまた力があったからです。いま曹操は一〇〇万の兵を擁《よう》し、天子を脇に手挟《たばさ》んで諸侯に号令しています。まともにこの曹操と戦っては勝つことはできません。

孫権は長江以南の地を手に入れて根拠地となし、すでに三代つづいています。国は険にして守るによく、民はなついて、賢者や有能な者がよくこれに仕えています。これと仲よくして、たがいに助けあうべきで、これを侵すことを考えてはなりません。

荊州の地は、北に漢水《かんすい》・沔水《べんすい》の河があって要害をなし、南は南海に開けて交益の利を尽くすことができます。東は呉郡、会稽《かいけい》にまで道が開けており、西は巴蜀《はしょく》の地に通じている。これは武を用うるに有利なお国柄です。しかるに、この荊州の長官劉表では、この地を守りきることはできません。とすれば、天がこの国を将軍に賜ったようなものです。将軍よ、荊州に気がおありですか。

それに、荊州の西にある益州《えきしゅう》（巴蜀）は道が険しくふさがっていて、入るに容易ではありませんが、なかは肥沃な土地が一〇〇〇里にわたって開いている〈天府《てんぷ》の国〉というべき豊かな国です。漢の高祖《こうそ》はこの土地を拠点にして、天下統一の事業を成し遂げました。ところが益州の長官劉璋《りゅうしょう》は気の弱い男で、北に五斗米道《ごとべいどう》の張魯《ちょうろ》がいますが、これに対抗できないありさまです。人口が多く国が富んでいても、民を哀れみ、救うことを知りません。したがって、益州の知能の士はみな明君を得たいと願っています。

将軍が漢室のお血筋にあたり、信義に厚いことは、天下の人々がみな承知しています。将軍が、英雄を味方につけ、賢者を思う気持ちは渇《かっ》した者が水を求めるようであります。もしも将軍が荊・益二州をわが物として、その峻厳《しゅんげん》にして敵を寄せ付けない土地を守り、内に対しては立派に政治をおこない、天下の変事に際しては、上将軍に命じて荊州の軍隊を率いて中原の地に向かわせ、将軍みずからは益州の兵を率いて、関中《かんちゅう》（陝西《せんせい》省）あたりから出撃されるならば、民衆はいずれも喜び勇んで将軍を迎えるでありましょう。ほんとうにそのようになれば、きっと覇業《はぎょう》を達成することができますし、漢の王室を再興することもできるでありましょう」

かくも、たなごころを指すがごとく、明晰《めいせき》に天下の形勢を論じて、漢室の再興を説く孔明の熱い舌鋒《ぜっぽう》に劉備は圧倒された。

劉備が孔明の献策に圧倒されたのは、そこにきわめて大胆な「天下三分の計」が展開されていたからである。中原の地にのみ焦点を合わせて、政局の動向を見ていた劉備は、眼から鱗《うろこ》が落ちる思いであった。荊州はともかくも、巴蜀といわれた益州を根拠地として、そこに魏・呉の既存勢力のいずれにも属さない王国を建設し、できるだけ江南の孫権《そんけん》（一八二〜二五二）とは提携を図りながら、機をみて中原の地に兵馬を進め、曹操を倒して天下に覇《は》を唱えるという壮大な戦略構想に接して、劉備は息をのんだ。

これは、まさしく〈無から有を生みだす〉哲学ともいえる奇策であるが、実現不可能な戦略構想ではない。なるほど、豊かな生産性に恵まれた、しかも天然の要塞《ようさい》ともいえる巴蜀の地で、たっぷりと実力を蓄えておいて、一歩一歩中原の地に近づいていくという戦略構想は存外いけそうだと、劉備は思った。孔明が言うように、荊州の劉表、益州の劉璋（一六二〜二一九）はいずれも漢王室の一族でありながら、為政者としては凡庸《ぼんよう》で、積極的に治政の安定を図り、国を守り、できれば漢室の再興を果たそうとする姿勢もなく、いたずらに民衆に不安を抱かせていた。たしかに、荊・益二州の心ある人々は、これに代わるすぐれた為政者の出現を待望していた。ここが「天下三分の計」の肝心なところである。しかも孔明の情報分析が最もさえわたっている部分である。この荊・益二州の土地をも掌中におさめることができれば、「天下三分の計」はひとまず達成できるのである。

❖「水魚の交わり」

このとき、この自分よりも二〇歳も年少の青年の存在が、劉備には途方もなく大きく感じられた。千軍万馬の将軍がいまだいちどもめぐり会うことがなかった、したたかな人間の存在感が、そこにあった。これまで苦楽をともにしてきた関羽・張飛の存在感とはまったく異なった、底知れぬ知性の魔力ともいうべきものに、劉備は魅せられ、吸収されていた。劉備は新しいタイプの賢者を、孔明に見た。隠者の風態《ふうたい》ではあるが、空理空論の反俗的な哲理をもてあそぶだけの俗物ではなかった。劉備は、わが師として孔明を仰ぎ、ぜひとも新野城の幕中に軍師として迎えたいと切望した。

しかしながら、これを孔明の側からみれば、事情はそう簡単ではなかったはずだ。

たしかに、劉備は礼を厚くして孔明を訪れ、賢者としてこれを迎える異例の態度をとってはくれたが、さりとて孔明がその義理に感じて、劉備を主として選ばなければならないという理由はどこにもなかった。まして劉備が、これまで孔明がねりあげてきた「天下三分の計」を授けるに値する人物かどうか、しかと見定める必要があった。いい換えるならば、劉備が孔明を選んだように、孔明にもまた、自分の主を選ぶ権利があったはずである。

劉備によって「三顧の礼」がおこなわれた時間が、孔明にとって、劉備を見極める熟慮の時間であった。

無名の青年とはいえ、大志を秘めた孔明がこれからの永い人生の可能性を、すでに四〇代の半ばを越えた、いっこうにうだつのあがらぬ将軍劉備に賭けていくこと自体、いささか常識を逸していたとみてよい。

「寄らば大樹の陰」という発想に立って、みずからの生き方を選び取っていくのが、いかにも乱世にふさわしい常識的な世間の遊泳術であったからだ。

しかしながら、わが孔明は、どうみても、こうした常識的な生き方を歯牙《しが》にもかけなかった節がある。すでに安定した政治的、軍事的な基盤を持っていた曹操でも、孫権でもなく、守るべき自分の城も養うべき数多くの手兵もない劉備玄徳を選んだところに、ひとりわが道を行く孔明らしい個性の選択があった。

そのあたりが龐徳公・司馬徽にしっかりと、「清流」派の志をたたきこまれた孔明である。漢王朝の衰退を悲しみ、できることなら、その再興を図ろうとする「清流」派の志からすれば、つまるところ、漢室の簒奪《さんだつ》を目的としている曹操、孫権では困るのだ。最も信頼している師友の司馬徽・徐庶が、なぜ自分を劉備に推挙したのか、孔明にはその気持ちが痛いほど分かっていた。

なるほど、劉備は同じく漢室の血筋を受けながら、劉表とはまるでちがっていた。劉表は荊州の地を守るだけが精一杯で、〈家を破り〉〈身を賭《と》して〉も、中原の地に漢室再興の旗標《はたじるし》を高く揚げようとする覇気《はき》を、すでに失っていた。かつての「清流」派の名士としての声誉と栄光は、すでに過去のものとして色褪《いろあ》せていた。しかも、野に賢者を求めるに急でなければならない者が、その容貌・風采《ふうさい》で、人を判別するようでは、乱世を闘いぬくことのできる賢君とはいえぬ。のちに建安時代の詩人として活躍する王粲《おうさん》が荊州の劉表を頼って避難しながら、彼に失望し、逸民的学者の司馬徽が劉表を暗愚とみたのも、そのためであった。

その点、劉備にはなによりも漢室の衰微を痛み、それを復興させようとする旺盛な意欲があり、そのために在野に遺賢《いけん》を求めることに真摯《しんし》であり、かつ謙虚であった。孔明はみずからの目で、それを確かめてみたかった。それが「三顧の礼」というかたちで、劉備によって表明されたとき、孔明の意志は決まった。

かくして、孔明は劉備の新野城に入った。

それからというものは、劉備は孔明と食するときも卓をともにし、寝るときさえも床を同じうして、昼夜天下のことを論じ、日増しに親密の度を深くしていった。それが、義兄弟の関羽・張飛にはおもしろくなかった。劉備は二人に言った。

孔明の才に態度を改める関羽と張飛　新たに幕下《ばっか》に加わった孔明を疎んじた関羽と張飛は、孔明の遠計に従って曹操軍の先鋒を退け、孔明の才能を認めることになった。

孤《われ》の孔明あるは、猶《なお》魚の水有るがごとし。願わくば、諸君よ、復《ま》た言うなかれ。

これが劉備と孔明の「水魚の交わり」の始まりであった。しかも、この交わりは、劉備が白帝城《はくていじょう》で非運の死を遂げるまで、ついぞ変わることはなかった。

II

「天下三分の計」の達成

一　赤壁の戦いと劉備の荊州領有

❖魯粛《ろしゅく》の勧め

諸葛孔明が劉備に迎えられて、荊州の新野城に入ったのが、後漢の建安一二年（二〇七）、孔明二七歳のときである。

あの世界史上にのこる赤壁《せきへき》の戦いがおこなわれたのは、その翌年の冬一〇月のことであった。これよりほんの二か月ほど前に、魏の曹操は大軍を率いて荊州になだれこみ、これをひとのみにしたばかりだった。

このとき、荊州刺史《しし》の劉表はすでに病死しており、その跡を継いだ二男の劉琮《りゅうそう》は荊州を守りきる器量に欠けていたので、家臣の勧めで曹操に降伏してしまった。

降伏するに際して、襄陽城《じょうようじょう》と目と鼻の先にあった樊城《はんじょう》において、曹操を迎え撃つ準備をしていた劉備にはなんの相談もなかった。

それを知ったとき、すでに曹操の大軍は、いまの河南《かなん》省南陽《なんよう》市の宛《えん》に迫っていた。これでは、戦ったところで勝ち目がないと判断した劉備は、麾下《きか》の軍兵を引きつれて樊城から南の江陵《こうりょう》に向けて撤退することにした。江陵には、荊州軍の大量な軍需物資が蓄えられていたからである。曹操は、劉備がそれを確保してはあとがめんどうだと、急追した。やむなく、劉備軍は途中で江陵への道をあきらめ、当陽《とうよう》の長坂《ちょうはん》から東に向かい、漢水を下ることにした。

長坂を過ぎた時点で、劉備・孔明の一行は呉の将軍の魯粛《ろしゅく》（一七二～二一七）と出会った。彼は孫権《そんけん》の密命を帯びて、劉表死後の荊州の様子を探りにきていたのだ。

魯粛はもとより孔明の兄の諸葛瑾《しょかつきん》とはともに孫権に仕える親しい間柄であったので、孔明を通して、劉備に「このさい呉に来て、主人の孫権を頼るように」と勧めた。

もともと、孔明の時論である「天下三分の計」という戦略構想のなかには、呉の孫権を敵にせず、これと手を結んで、中原の地に駒《こま》を進めて曹操政権を倒すという戦略が組みこまれていた。魯粛の勧めに、孔明に異論があろうはずはなかった。劉備は孔明の説得で、孫権のもとに身をよせることにした。これに先んじて、孫権との盟約をとりきめるために、劉備の使者として出向いたのが孔明である。

このとき、孫権は長江下流の柴桑《さいそう》、現在の江西省九江市にいて、荊州の情勢をうかがっていた。孔明は魯粛とともに長江を下って、柴桑に急いだ。

孫権

❖孔明の説得と孫権の決意

孔明ははじめて会った孫権に向かった。

劉備一行の命運は孔明の双肩にかかっていた。彼は懸命に説いた。

「天下はおおいに乱れ、孫将軍は江東を地盤に兵を起こし、劉備殿は軍勢を擁して曹操とともに天下を争ってきました。しかし、曹操は数度の苦難を乗り越えて中原の地をほぼ平定し、ついに荊州の劉表一族を破って、その威光は向かうところ敵なきありさま。他の英雄はいまや彼に歯が立ちませぬ。されば、劉備殿も遁走《とんそう》されたしだいです。おそれながら、将軍もいまが考え時だと存じます。もし将軍が呉越の兵を率いて、中原の地を支配する曹操に対抗しようということであれば、いますぐに断交すべきです。もし自信がもてぬとあれば、武装解除して曹操にお仕えになるがよろしい。いま、将軍は表面上は曹操に対して服従の態度をとりながら、じつのところ、態度決定を引き延ばしておられるだけです。しかし、事は急をようしている。ためらっていたら、明日にも災いが降りかかることになりましょう」

事実、このとき曹操は荊州を屠《ほふ》って、その勢いに乗り、一気に長江を下り、呉を討つべく着々と準備を整えていた。それに対して、呉の孫権のほうでは、徹底して抗戦すべきか、和を講じて曹操の軍門に降るべきか、いまだ態度を決しかねていた。

そこを突いたのが、孔明だった。それに対して孫権が尋ねた。

「もし、そうであるならば、劉備殿はなぜ降伏しないのか」

「かつて斉《せい》の田横《でんおう》は一介《いっかい》の壮士の身でありながら、なお節義を守り、漢の高祖の招きに応じて降服の恥辱を受けることはありませんでした。まして劉備殿は漢の王室の血筋を引くお方。英《えい》邁《まい》をもって世に知られ、あたかも河の水が海に注ぐがごとく天下の人望を集めておられます。もし成功しなかったとしても、これは天命。曹操にひざを屈するようなことだけは決してありません」

これを聞いて孫権は憤然《ふんぜん》として言った。

「わしはこの呉の地と一〇万の兵をむざむざと渡して、人の支配を受けてなるものか。わしの腹は決まった。なるほどいま劉備殿のほかに、曹操に対抗できる者はいまい。しかしながら、劉備殿はあらたに負けたばかりで、なおよく戦う余力はあるのか」

こう切り返してきた孫権に、このときとばかり孔明は答えた。

「劉備殿は荊州で敗れたとはいえ、生きのこりの兵と関羽の水軍を合わせれば、精鋭一万。それに味方する荊州の兵も一万は下りません。それにひきかえ、曹操の軍勢は遠征で疲労しきっ

呉の群臣と孔明　単身呉の陣営に乗り込んだ孔明は、曹操への降伏論に固まった呉の群臣と論戦を演じた。

ております。さきに劉備殿を追撃してきた騎兵も、一日一夜で三〇〇里も走りつづけてきたと聞きおよびました。〈強い弓から放たれた矢も、勢いを失えば、絹をも通さぬ〉といって、孫子《そんし》でも無謀な行軍は固く戒めています。そのうえなお、曹操の軍勢は北方の人間ぞろいですから、水上軍には慣れておりません。いましも将軍が猛将に数万の兵を率いさせ、劉備殿と協力されるならば、かならずや曹操軍を破ることができるでありましょう。曹操は敗れたならば、かならず北へ帰ります。そのようになれば、劉備殿の荊州と孫権軍の呉はいずれも揺るぎない勢力となり、あの安定した鼎《かなえ》の足のように、天下三分の形勢が定まりましょう。その機会は、いまをおいてありません」

この孔明の必死の説得に、孫権は大きくうなずいた。
かくして、孫権は曹操の強大な侵攻軍を阻止すべく、劉備と協力して戦うことになった。

❖曹操の宣戦布告

荊州の地を無血で占領した曹操は、本営を江陵、今の湖北省に定めた。かつて劉表が育成した荊州水軍はあらためて曹操の指揮下に編制替えされることになるが、荊州水軍はもともと長江中流域の機動兵力として編制されていただけに、特殊な装備を備えた多数の艦艇を所有していた。艨艟《もうどう》・闘艦《とうかん》（ともに軍艦のこと）と称する艦艇がそれである。艨艟は小型であるが、船足が速く、甲板を牛皮で覆い、左右の舷側《げんそく》には弩《ど》を発する窓、矛《ほこ》を突きだす穴があったという。今日でいう駆逐艦《くちくかん》である。闘艦は大型の艦艇で、甲板の上に高い艦橋《かんきょう》を築き、これに防壁をもうけ、そこに戦闘員を配置できるようにしていた。今日の戦艦がこれにあたる。

曹操はかかる荊州水軍をおのが指揮下にくわえたことで、意気がおおいに上がっていた。同じく長江下流域に勢力を張り、水軍においては、曹操軍よりはるかに訓練の行き届いていたはずの呉の孫権の水軍に対しても、けっしてひけをとらぬ艦隊を手にいれたからである。

さっそく、孫権に向けて、曹操は一通の書を送りつけて、宣戦を布告した。

「このたび、勅命《ちょくめい》を奉じて南征したが、荊州の劉琮は降服した。いま、わが水軍は八〇万。これから孫権将軍と呉において狩猟を楽しみたいが、いかがなものであろう」

❖呉の抗戦派――魯粛と周瑜《しゅうゆ》

孫権はその時、なお柴桑《さいそう》の地にあって、曹操軍の出かたをうかがっていたが、この宣戦布告を手にして、ただちに対応策を群臣に諮《はか》った。ところが、会議の大勢は降伏に傾いてきた。理由は、曹操が後漢の皇帝の勅命を奉じているからには、これに抵抗すれば、逆賊《ぎゃくぞく》の汚名を被ることになるというのが一つ。さらには、曹操が手に入れた荊州水軍は、艨艟《もうどう》・闘艦《とうかん》数千艘《そう》といわれ、これによって水陸両路から曹操軍が東下すれば、長江の険も頼みにはならぬというのが、その理由の二つであった。

群臣が席上口をそろえて、曹操への帰順《きじゅん》を勧めるなかで、ひとり魯粛だけが口をつぐんでいた。江東の覇者としての誇りを著しく傷つけられた孫権は、もとよりかかる降伏論には不満であった。すでに孔明と同盟を約束した手前もある。孫権が厠《かわや》へ立つと、それを追って魯粛は席を立ち、渡り廊下で孫権に説いた。

「ただいまのみんなの意見は、もっぱら将軍を誤らせるもので、ともに大事を図ることはできません。いま、もしわたくしが曹操に帰順しても困ることはありませんが、しかしながら、将軍の場合は絶対にいけないのです。その理由を申し上げましょう。わたくしが帰順したとしても、曹操はわたくしを故郷に帰して地位名望に応じて巡察官ぐらいに任命しましょう。わたくしは供回りを連れて牛車《ぎっしゃ》を乗り回すこともできますし、そうこうして名士と交際しているうちに、昇進して刺史か太守くらいになれもしましょう。しかし、失礼ながら、武功の家柄であっても、名門とはいえない将軍が曹操に帰順されたならば、江南の地を奪われて、どこにも生きようがなくなってしまわれるのです。どうか衆議《しゅうぎ》に惑わされずに、一刻も早く曹操を迎え撃つ大計を決してください」

盧粛と周瑜

これで、孫権の腹は固まった。魯粛は開戦論を強化するために、孫権の信頼の厚い周瑜《しゅうゆ》（一七五～二一〇）を、任地の鄱陽《はよう》から急ぎ召還させるように、孫権に勧めた。もとより孫権に異存があろうはずはない。

周瑜は、字を公瑾《こうきん》といい、現在の安徽《あんき》省盧江《ろこう》の名家の生まれで、容姿抜群、周郎《しゅうろう》とよばれて、江南の子女のあこがれの的であった。しかも、すでに年少のころより、孫堅《そんけん》・孫策《そんさく》の二代にわたって仕え、輝かしい戦功を立てた歴戦の勇士でもあった。それにいまだ三四歳の若き将軍周瑜は、魯粛とは年来の親友である。

急遽《きゅうきょ》、柴桑に駆けつけた周瑜は、群臣の会議に加わり、曹操は恐るるにたらずと、その南征軍の不利な点を数え上げ、魯粛とともに抗戦論を強硬に主張した。北方の甘粛《かんしゅく》地方では、いまだ馬超《ばちょう》・韓遂《かんすい》が曹操の背後で不穏な動きを見せて脅かしているし、真冬にさしかかったいま、曹操軍は馬の秣《まぐさ》に不足している。しかも、遠来の強行軍のために、陣中に疾病《しっぺい》が発生する可能性が強い、というのが周瑜の見方であった。

さらに周瑜は、「われに呉の精兵数万人をあたえられれば、夏口《かこう》に駐屯して、曹操軍を撃破してみせましょう」と、豪語《ごうご》した。この敵の弱点をついた周瑜の抗戦論に、帰順《きじゅん》派《は》は圧倒された。それを見た孫権は我が意を得たりとばかりに、刀を抜き払うと、面前の机を切断して、言ってのけた。

「よいか、今後諸臣のなかであえて曹操を迎えて降るべしという者があれば、この机と同じ運命にあると思え！」

かくして、呉国の大事を決する長い会議は終わった。

❖周瑜の勝算と自負

その夜、周瑜はかさねて孫権に進言した。

諸人は、いたずらに曹操の書に、水歩（水陸）八〇万と言うを見て、おのおの恐慴《きょうく》し、復《ま》たその虚実をはからずして、すなわちこの議を開くは、甚《はなは》だ謂《い》われ無きなり。今、実をもってこれを校《くら》ぶれば、彼の将いる《ひき》ところの中国の人は、一五、六万に過ぎず。且《か》つ軍はすでに久しく疲れ、得るところの（劉）表の衆も、亦《ま》た七、八万を極るのみにして、なお狐《こ》疑《ぎ》を懐《いだ》く。それ疲病《ひへい》の卒をもって狐疑の衆を御《ぎょ》すれば、衆の数多しと雖《いえど》も、甚だいまだ畏《おそ》るるに足らず。精兵五万を得ば、自ずからこれを制するに足る。願わくば、将軍よ、慮《おもんばか》るなかれ。

やはり孔明とおなじく、さすがは周瑜である。曹操軍の実情をよく見透かしていた。「中国の人」という言いかたがおもしろい。これは、曹操が中原の地にある魏の国から直接率いてきた兵衆を指していた。公称八〇万というが、それも疲病していて、たかだか一五、六万にすぎない。あとは荊州軍だが、これはいまだ狐疑逡巡《しゅんじゅん》している戦意なき輩。「それ疲病の卒をもって狐疑の衆を御すれば、衆の数多しと雖も、甚だいまだ畏るるに足らず」と言うのも、なかなかにうがった敵情分析であった。

孫権は周瑜の進言を聞いて、喜んだ。ついに、呉軍に発進命令が下った。周瑜・程普《ていふ》両将軍が左右の提督となり、魯粛をその参謀長に任じ、夏口に集結していた劉備の軍と合流し、そこで曹操軍を迎撃しようという構えである。ただし、孫権が先発する周瑜・程普のために用意できた兵力は、わずかに三万にすぎなかった。

いっぽう樊口《はんこう》に駐屯していた劉備は東下する曹操軍団を目前にして、今か今かと孫権の援軍を待ち受けていた。やっと周瑜の船団を目にした劉備はすぐさま使者をやって慰労《いろう》したい旨を申し入れた。周瑜の返事はそっけなかった。

「軍務があります。部署を離れるわけにはいきません。失礼ながら貴下より来訪されれば、お望みどおりにいたしましょう」

場合が場合だけに、屈辱を耐えて、劉備はみずから単舸《たんか》に乗り、周瑜のもとに出かけた。聞けば、呉軍はわずかに兵三万。劉備はわが耳を疑って、眉を曇らせた。すると周瑜は平然として答えた。

「これで十分です。劉備殿よ、周瑜が曹操を破るのをご覧あれ」

主導権はいまや呉軍の周瑜にあって、劉備にはない。意気軒高《いきけんこう》たる周瑜の前に、劉備は顔色なきありさまだった。それならばと、劉備は知己の魯粛とともに会談したいと申し入れた。

「魯粛とてもみだりに部署を離れるわけにはいきませぬ。会いたいと思われるならば、別の日においでください。二、三日のうちに、諸葛孔明とともにここにまいりましょう」

これでは、まったく取り付く島がない。劉備はこの時、たしかにうろたえていた。周瑜の見識に深くうたれて、うろたえているおのが態度を恥じたが、三万の軍で曹操軍に抗しきれるとはみていなかった。疑いを抱いたまま、周瑜と別れた劉備は、呉の孫権のもとに使いに出てまだ帰ってこない孔明の帰参を待つことにして、ひとまず周瑜の軍と合流することを避けておいて、状況しだいでは、こちらの出かたを決めることにした。

❖火攻めの計

曹操の南征軍は江陵《こうりょう》を発して長江を東下していた。いっぽう周瑜・劉備の連合軍はただこれを待ち受けるのではなく、夏口から長江を西進する積極的迎撃戦に出た。両軍が長江で遭遇したのが、赤壁《せきへき》の地である。

赤壁の地名は、赤れんが色をした、切り立った崖があるところからきており、長江沿岸のあちこちに、赤壁の地名がついた場所があっても、さして珍しくはなかった。そのせいか、後年、宋《そう》の詩人蘇東坡《そとうば》（一〇三七〜一一〇二）は、赤壁の地で、舟を浮かべて、三国の英雄たちをしのび、前・後二篇の「赤壁の賦《ふ》」を作っているが、彼が遊んだのは、湖北省黄岡《こうこう》県外にある赤壁の地で、そこを古戦場だと思い込んで作ったものである。

月明らかに星稀《まれ》にして、烏鵲《うじゃく》南に飛ぶ。此《こ》れ曹猛徳《そうもうとく》の詩に非《あら》ずや。西のかた夏口を望み、東のかた武昌《ぶしょう》を望めば、山川相纏《あいまと》うて、鬱乎《うっこ》として蒼々《そうそう》たり。此れ孟徳の周郎《しゅうろう》に困《くるし》められしところに非《あら》ずや。其《その》(曹操)の荊州を破り、江陵を下り、流れに順《したが》って東するに方《あた》って、舳艫《じくろ》千里、旌旗《せいき》空を蔽《おお》う。酒を釃《く》みて江に臨み、槊《ほこ》を横たえて詩を賦《ふ》す。固《まこと》に一世の雄なり。而《しか》れども、今安《いず》くにか在るや。況《いわん》や吾と子とは、江渚《こうしょ》の上《ほとり》に漁樵《ぎょしょう》して、魚蝦《ぎょか》を侶《とも》として、麋鹿《びろく》を友とし、一葉の扁舟《へんしゅう》に駕《が》して、匏樽《ほうそん》を挙げて以て相属《あいすす》むも、蜉蝣《ふゆう》を天地に寄せ、渺《びょう》たる滄海《そうかい》の一粟《いちぞく》なり。吾が生の須臾《しゅゆ》なることを哀しみ、長江の窮まりなきを羨《うらや》む。

極まりない天地自然の時間のなかにあって、かげろうのようにはかない人間の存在を詠嘆《えいたん》する、この「赤壁の賦」の一節は、今も絶唱に値する。「槊を横たえて詩を賦す」詩人将軍・曹操の勇姿を彷彿《ほうふつ》とさせる名調子とともに、忘れがたい一節である、一〇〇〇里にわたって陸続《りくぞく》と連なる艦船、その旗指物《はたさしもの》が空を覆う景色を、蘇東坡は長江に舟を浮かべて、目の当たりに見る思いであったにちがいない。

しかしながら、実際に、「赤壁の戦い」があったのは、湖北省嘉魚《かぎょ》県の東北、長江南岸にある赤壁のあたりであった。両軍がこの地で遭遇したとき、すでに周瑜が見通していたように、曹操軍は遠征の疲労がたたって、病に冒される者が相次ぎ、威風堂々たる船団の外見と違って、いっこうに船内の士気は振るわなかった。緒戦で小競り合いはあったが、いずれも曹操軍の旗《はた》

鞭打たれる黄蓋　曹操に投降を信用させるために、味方も欺いて黄蓋を鞭打つ周瑜。

色《いろ》は悪く、ために、曹操は長江の北岸烏林《うりん》に船団を集結させ、攻撃の機をうかがうことにした。これに対して、周瑜・劉備の連合軍は、その南西よりの対岸、赤壁の地に艦船を連ねて、対峙していた。

かくして、しばらく膠着《こうちゃく》状態がつづいたが、これを見かねて、火攻めの計を周瑜に献策したのが、呉の部将黄蓋《こうがい》（?～二一五頃）であった。

黄蓋の策は用いられた。彼はまず偽って曹操に投降《とうこう》を申し入れて、曹操軍を油断させることに成功した。投降する艦船は快速船をよりすぐって一〇艘《そう》。さらにその船尾に、鷗《かもめ》のごとき船足を持つ小型の走舸《そうか》をつないだ。いずれの船にも、枯れ草や枯れ柴を積めるだけ積み、それに魚油をたっぷり注いでおいて、真っ赤な幔幕《えんまく》で覆い、その上に旗指物を飾りたてて偽装した。

おりから東南の風が吹いてきた。真冬には、まことに珍しい風である。一〇艘の艦船は帆に風を受けて、まっすぐに曹操軍の船列めがけて走り出した。その船団が火を噴くまで、曹操は黄蓋の投降船が来たとばかり思って、疑わなかった。二〇〇メートルほど接近してきたとき、曹操は枯れ草や柴に、いっせいに火がつけられ、まるで一〇艘の艦船の一艘一艘が火だるまのようになって襲いかかってくるではないか。その時になって、はじめて曹操は、謀られたことに気づいたが、時すでに遅し。矢の如く突っ込んできた火だるまの船は、曹操水軍の船団に激突する。激しい風にあおられ、火はたちまち曹操の軍船に燃え移る。その時、曹操の艦船は、舳先《じくさき》を並べて、横に太い鉄鎖でつなぐかたちで停泊していたので、たちまちのうちに船団は焼き尽くされてしまった。空一面に火の粉が舞い上がり、さらに北岸の陣営にまで飛び火して、これを焼いた。炎々たる猛火に包まれた曹操の軍船の間を、黄蓋の率いる走舸が自在に駆けめぐり、慌《あわ》てふためく曹操の水軍を攪乱《かくらん》した。おびただしい人馬が焼けただれ、おぼれ死んでいく。まさに阿鼻叫喚《あびきょうかん》の地獄図さながらのありさまだった。

そこへ、周瑜が精鋭部隊を率いて上陸し、太鼓を雷のように打ち鳴らして突撃してきたから、曹操の南征軍はあっというまに壊滅《かいめつ》した。曹操みずからもかろうじて逃れるのが精一杯という惨敗ぶりであった。

曹操は生き残って軍勢をまとめると、ぬかるみの華容《かよう》街道を必死に敗走した。周瑜と劉備の連合軍は、これを追撃して、今の湖北省公安《こうあん》県のあたりまで進んだが、ついに曹操を捕らえることはできなかった。曹操は、江陵を曹仁《そうじん》と徐晃《じょこう》に、襄陽を楽進《がくしん》に守らせ、みずからは許《きょ》の都に引き揚げた。この一戦で壊滅的打撃を受けた曹操は、天下統一の野望を事実上打ち砕かれたのである。

❖孔明の外交手腕と劉備の荊州領有

周瑜の火攻めの計が実行に移されたとき、孔明が東南の風を吹き起こす道術《どうじゅつ》を使って風を起こし、火攻めの計を成功に導いたというのは、小説『三国志演義《えんぎ》』に出てくる話であるが、事実ではない。それよりも、孔明は劉備の使者として、江南の覇者孫権を前にして、一歩も譲ることなく、むしろ孫権の覇者としての誇りを引き出し、曹操への敵愾心《てきがいしん》をあおりたて、たくみに劉備と手を結ばせたところに、赤壁の戦いにおける孔明のみごとな働きがあった。

それだけではない。曹操が敗北したのちのことまで見越して、劉備の荊州占領を孫権に承諾させておくあたりの布石は、細心にして大胆な外交手腕であったというべきである。

赤壁の戦いでは、孫権の猛将周瑜の火攻めの計によって北軍は大敗北を喫し、曹操は命からがら、荊州の根拠地にたどりつくのがやっとのことであった。

孔明がいったとおり、遠征に継ぐ遠征で曹操軍兵は疲労し、長江を攻め下る船中のなかですでに疫病《えきびょう》が広がり、戦う気力を喪失している状態だった。

その後の情勢は事実そのとおり、劉備は荊州の南部地帯、現在の湖南省の各地をすばやく占領し、江陵を中心として荊州の長江沿岸地方をあらたに領有することになった。江南の覇者孫権と、中原の地とあわせて荊州北部を掌中《しゅちゅう》におさめた曹操に対抗して、いまだ安定した鼎《かなえ》の足のようにはいかないが、天下を三分する形勢をつくりだす端緒《たんしょ》をつくることができた。

かくして荊州の南部、長江以南の四郡を確保した劉備は、孔明を軍師《ぐんし》忠郎将《ちゅうろうしょう》に任じた。軍師は参謀長、忠郎将は師団将軍といったところである。同時に彼に零陵《れいりょう》・桂陽《けいよう》・長沙《ちょうさ》の三郡を統治させ、そこから取り立てた租税《そぜい》で軍備の充実を図ることにした。関羽が名義上の襄陽の太守、張飛が宜都《ぎと》の太守、趙雲が桂陽の太守に任じられたのに比べれば、新参者《しんざんもの》の孔明の場合は異例の抜擢《ばってき》であったといわねばならぬ。それだけ、劉備は孔明の知謀《ちぼう》を高く評価していたことになる。おそらくは、はじめて勢力下においた広大な地域の民政を任せうるのは、劉備輩下の乏しい人材のなかでは、やはり孔明をおいてほかに人はいなかったのであろう。

この時、孔明は二八歳、魯粛三七歳、周瑜三四歳。曹操は五四歳、劉備は四八歳であった。孔明は赤壁の戦いに居合わせてはいなかったが、小説『三国志演義』では、道術をもって東南の風を吹き起こしたことをもって、赤壁の合戦の最大の功労者に孔明を祭りあげている。それは史実にもとるが、真っ先に使者として呉の孫権のもとに出向き、劉備軍と同盟させ、孫権を抗戦論に引きこむ導火線を作った諸葛孔明の功績は大きい。赤壁の戦いで曹操の天下統一の野望を打ち砕いたのは、二七歳の江南の英主孫権を筆頭に、二〇代、三〇代の若き政治的指導者の働きによるものであった。この事実は見逃せない。じつはこの新しい世代の働きによって、「天下三分」の状況があらたに形成されていくことになるからである。

周瑜は大勝の余勢を駆って、魏の曹仁を追い払って、江陵を占拠した。劉備は周瑜とともに江陵に入ったが、そこから南下して公安に移り、そこに、はじめて荊州における自分の根拠地を獲得することになった。この時も、劉備は劉表の子である劉琦《りゅうき》を荊州刺史として擁立《ようりつ》し、みずからは兵を率いて荊州の南部、現在の湖南省一帯の地方を手中におさめていく。元荊州刺史劉表の大義名分を利用した劉備の政策は、図にあたった。武陵《ぶりょう》・長沙の太守韓玄《かんげん》、桂陽の太守趙範《ちょうはん》、零陵の太守劉度《りゅうたく》は、いずれも劉備に降《くだ》った。続いて呉の領内からも、盧江《ろこう》地方の大豪族雷緒《らいしょ》が数万の私兵を率いて臣従した。

二　巴蜀を制する者は天下を取る

❖劉備、虎口を脱する

かくて湖南省を中心に荊州南部に勢力を伸張していく劉備に対して、呉の孫権はただ傍観していたわけではなかった。荊州の全域をわが手におさめたい気持ちはやまやまであったが、現実には、曹操軍の南下再来に備え、周瑜が江陵で襄陽の曹操軍と対峙していなければならぬ状況では、劉備を抑え込むことは、今のところ得策ではないという判断が、実情だった。

そのかわりに孫権は劉備に政略結婚を迫った。当時、劉備は甘《かん》夫人を亡くして正室がなかったからである。相手は孫権の妹である。そこまで劉備は孫権にとって脅威の的となっていたのだ。劉備はこれを受けた。かれは呉の都建業《けんぎょう》（南京）に赴き、孫権とはじめて対面した。劉備が身の危険を冒してまでも呉の都に出向いたのは、この婚姻を機に、当時支配下にあった江南四郡の支配権を明白に孫権に認めさせようという目的があったといわれている。

諸葛孔明は、劉備が建業に乗りこむのは危険であると引き止めたが、劉備は聞かなかった。

劉備

支配権の承認を得るということもあったであろうが、それよりも、曹操に荊州を追われて流浪するあてさえ失っていた自分に、同盟の手を差し伸べて、今日の勢力を築かせてくれた孫権から婚姻の申し入れを受けた以上は、こちらで礼を尽くすべきだとするいかにも劉備らしい実直さから出た行動であった。ここでも劉備はパトスの人であった。孔明が劉備を止めきれなかったのはこのためだった。

劉備が呉の都に入ったことを知った江陵太守周瑜は、孫権に書面を送り、劉備には梟雄《きょうゆう》の相、母親さえ食べる猛禽《もうきん》の相があるので、これを都につなぎとめておくようにと勧めたが、この時、孫権は合肥《ごうひ》、今の安徽《あんき》省方面で魏軍と抗戦していたために、劉備とごたごたを起こすことを好ましくないとする事情があり、さらに、この時ばかりは親劉備派の魯粛が周瑜の意見に反対したので、劉備を呉の都におしこめる策に踏みきることはできなかった。

これで、危うく虎口《ここう》を脱した劉備は、無事に、公安に帰ることができた。

❖龐統《ほうとう》の人物評価

後年、劉備はこの時のことを回顧して、〈周瑜と孔明の意見が同じであったのは、さすが二人は智謀の士というべきだ。あの時、孔明がわしに行くなと言ったのは、あいつだけのことはある。わしは甘かった。孫権は曹操が恐いから、わしを頼りにしていると思いこんでいた。わしの読みが浅かった。危ない橋を渡ったものだ〉と語ったという。かく劉備が述懐したのは、龐統《ほうとう》に対してであった。

龐統こそは、人物鑑定眼では荊州随一といわれた水鏡先生司馬徽《しばき》が、「臥竜《がりゅう》・鳳雛《ほうすう》」として孔明と併称した人物であった。字は士元、少年期の龐統は朴訥《ぼくとつ》で、どこか鈍いところがあり、その才能を見抜く者はいなかったが、司馬徽の評価を得て、その名を世間に知られるようになった。そのうち、南郡の太守周瑜に召し出され、郡の助役に任用された。のちに、劉備が龐統に、孔明と周瑜が智謀の士であると語ったのは、彼が双方を熟知していたからである。

龐統は人物を批評するとき、とかく褒めすぎる傾向があった。ある人がわけを尋ねると、龐統は、

「天下おおいに乱れた当今、秩序は乱れ、善人が少なく悪人がはびこっている。風俗を正し、まっとうな世の中を実現しようとするからには、その評価を多少とも誇張してやらねば、その名声を慕うことはできないだろう。慕うことができなければ、善行をやる人間はますます少なくなる。かりに一〇人を推挙して五人がだめだとしても、まだ五人はのこる。こうして教化を広めて、志ある者を励ますのも、一つのやりかたではないか」

と答えた。

❖劉璋《りゅうしょう》、劉備を招く

建安一五年（二一〇）、周瑜は病に倒れ、三六歳の若き生涯を閉じた。

そのころ漢中に拠《よ》る五斗米道《ごとべいどう》の盟主張魯《ちょうろ》（?～二一六）の侵入に手を焼いていた益州（巴蜀地方）の長官劉璋《りゅうしょう》の凡庸な政治のやりかたを見てとった周瑜が、孫権に蜀攻略の献策をしたばかりの時であった。周瑜は親友の魯粛が忠烈《ちゅうれつ》なうえに、慎重な人物だから、自分の死後は、彼にお任せくださいと遺言していた。それから親劉備派の魯粛が孫権の全幅の信頼を受け、呉の政治をきりもりしていくことになったのは、劉備にとってなにかにつけて好都合であった。

周瑜の死後、呉を離れた龐統は、おそらく孔明の推挙であったとおもわれるが、劉備のもとで朱陽《しゅよう》県の知事に任命された。ところが、赴任先で龐統はいっこうに政務を顧みないので、罷《ひ》免《めん》されてしまった。このうわさを耳にした魯粛はわざわざ呉から劉備にあてて書面を届けた。

龐士元《ほうしげん》は百里の才にあらざるなり。治中《じちゅう》・別駕《べつが》の任に処《お》らしめば、始めてその驥足《きそく》を展《の》ぶべきのみ。

「百里の才にあらず」とは、一〇〇〇里を走る才を持つ大人物で、県知事程度では不十分、巡察官ぐらいの大役につけてこそ、はじめて駿馬《しゅんめ》の脚力を発揮できるという意味。この意見に孔明も賛意を示したので、劉備はあらためて巡察官に任命した。それからというものは、龐統の働きはめざましく、孔明と並んで軍師忠郎将に迎えられるほどの異例の出世をとげている。

荊州の臥竜と鳳雛といわれた人材をともに幕下に連ねて、彼らに、劉備はその地方の民政を委ねた。しかも劉備は、時を同じうして、巴蜀の地に触手を伸ばさんとしていた呉の孫権を牽制しながらも、孔明の「天下三分の計」の実現をめざして、着々とその地盤を固めつつあった。

ついにその時がきた。益州の長官劉璋が、部下の法正《ほうせい》に四〇〇〇の兵を授けて、劉備を迎えによこしたからである。曹操が漢中の張魯を平定する征討軍を差し向け、さらに巴蜀の地に攻め入る態勢ができたので、劉備の助力を得て、益州の守りを是非にも固めたいというのである。

時に建安一六年(二一一)、孔明三一歳のできごとであった。

❖天府の国——巴蜀

赤壁の戦後処理で、劉備玄徳は、孔明が献策した「天下三分の計」に向かって、大きく一歩前に踏み出すことになった。

これから着手すべき第二次の経営は、巴蜀の地、今日の四川省全域を手に入れて魏・呉の二大強国に対立する第三勢力を築き、事実上、「天下三分の計」を実現することにあった。

巴蜀とは、いまの重慶《じゅうけい》市を中心とする巴子《はし》国と、これもいまの成都《せいと》市を中心とする蜀王国の合称で、当時は益州とよばれていた。

この巴蜀の地の益州は、昔からたいへん豊かな生産物に恵まれ、この地を制する者は天下を取るといわれるくらい、中国では経済的にも政治的にも重要な意味をもつ地域であった。

第二次世界大戦のときには、蔣介石《しょうかいせき》が重慶に後退して、抗日戦争を戦い抜くことができた。このような蜀の地の政治的重要性は、いまに始まったことではなかった。

戦国時代、もともとチベット系異民族の支配下であったこの地域に、最初に漢民族が支配のくさびを打ち込んだのは、のちに戦国乱世を統一した秦《しん》の始皇帝《しこうてい》の先祖であった。秦の国は巴蜀と隣接した、どちらかといえば地味で瘦せた陝西《せんせい》省に位置していたので、広大な沃野《よくや》から豊富な物資が収穫される巴蜀の地に目をつけ、この地を制して実利をつかみ、国力を増強させることが必要だった。巴蜀を掌中にしたのちの秦の国力は飛躍的に増大し、これをもとに天下を制覇《せいは》することができたのである。

やがて、この秦が滅びる際に、項羽《こうう》と天下を争った漢の高祖劉邦《りゅうほう》(前二四七/二四六〜前一九五)は漢中王として、やはり巴蜀を支配し、漢王朝を形成する戦略拠点とした。

しかも、この益州＝巴蜀の地形は大巴《だいは》山脈に切り開かれた険しい蜀の桟道《さんどう》を伝って入るか、さもなくば、長江をさかのぼって天下の難所といわれる三峡の険を渡って入るか、どのみちこの二つのルートをとるにしても、難所に継ぐ難所であって、巴蜀の地に踏み入ることは容易なわざでできることではなかった。それだけに守るに固く、攻めて出るには容易な地勢であった。

たしかに、低いところで一〇〇〇メートル、高いところで七〇〇〇メートルに達する峨々《がが》たる山岳に四方を囲まれた辺境の地であったが、米・玉蜀黍《とうもろこし》や馬鈴薯《ばれいしょ》（ホド芋？）などはこの地の名産であった。とりわけ、巴蜀の織物は古くから蜀錦《しょくきん》・蜀紅錦《しょっこうのにしき》とよばれて、わが国の法隆寺にまで伝わってきたほどに評判の錦であった。成都の街のなかには、天子の錦をつくる織錦の官がおかれていた。成都のことを別に錦官城《きんかんじょう》とよぶならわしがあったのは、そのせいであった。

農産物と錦。これにもまして益州の台所を豊かに潤したのは塩であった。太古の時代から巴蜀盆地の地底には莫大な規模の塩の岩層が横たわっており、それが溶解して塩水となり、この地方のいたるところで噴出していた。巴蜀の塩は現在でも四川省の経済の活力源となっており、中国各地に供給されている。ほかにも、銅・鉄・馬・竹の産地として、むかしから有名だったので、「天府《てんぷ》の国」、つまり天地自然の恵みが豊かな国とよばれてきたのは当然であった。

すでに漢代司馬遷《しばせん》が書いた『史記』貨殖《かしょく》列伝を見ても、「巴蜀は肥沃《ひよく》な地方である。物産に后《ごう》・薑《きょう》・丹砂《たんさ》・銅・鉄・竹や木の器が豊富である。蜀は南方の滇《てん》（雲南省）と曲僰《きょくはん》（四川省南部）をおさえ、曲僰からは奴隷《どれい》が出る。西は邛《きょう》・筰《さく》（四川省西南部）に近く、そこから馬や旄《ぼう》牛《ぎゅう》が出る。ここは四方を山でふさがれているが、山にかけた桟道が千里の遠くまで延び、どこへでも通じている。陝西省に通じる褒斜道《ほうやどう》はもろもろの山道を束《たば》ね集めて、これによって物資の交易がおこなわれている」と記すように、もっぱら華北中原の地との経済的・文化的交流は、東北に抜ける蜀の桟道を通じておこなわれてきた。

もともとは、チベット系異民族の支配区域であった蜀の地に、最初に漢民族が支配のくさびを打ちこんだのは、戦国時代の昔、秦の恵文王《けいぶんおう》の時代であった。秦は巴蜀とは隣合わせのどち

巴蜀の製塩　やぐらを利用して井戸から汲み上げた塩水が、懸樋《かけひ》を通って大鍋に入れられて煮詰められている。（四川省成都出土の煉瓦の絵を書き起こしたもの。『図説世界文化史大系　中国1』〔角川書店、1958年〕より）

らかといえば、地味のやせた陝西《せんせい》省に位置していた。巴蜀の広大な沃野から豊富な物産がとれることに目をつけ、この地を掌中におさめて実利をつかみ、秦の国力を増強すべきだと、時の秦王恵文王に献策したのは、司馬遷の先祖にあたる司馬錯《しばさく》であった。彼はみずから蜀征討将軍となり、巴蜀の地を平定した。これで、秦の国力は飛躍的に増大し、のちに天下を制覇するだけの経済的基盤が作られたといわれている。

先述のように、劉邦は、漢中王としてこの地を支配し、漢王朝を形成する拠点としたが、漢の武帝《ぶてい》（前一五六～前八七）の時代になると、この地方は益州《えき》とよばれるようになり、その太守のもとに九郡に分かち、中央集権による行政措置が速やかに浸透するように図られている。この時代になると、地元から卓王孫《たくおうそん》のような富豪、司馬相如《しょうじょ》のような詩人、揚雄《ようゆう》のような学者が輩出するほどの潤沢な経済的・文化的基盤がすでにできあがっていた。

この「天府の国」、巴蜀の天地を根拠地にすえ、「天下三分の計」を構想した諸葛孔明の政治戦略的な眼力は、たしかに卓越していた。おそらくは、巴蜀盆地に近い荊州の隆中において、晴耕雨読の生活を送っていたときから、孔明は、「天府の国」の実情を徹底的に知り尽くし、その歴史的、地理的条件を冷静に計算することができていたのであろう。

❖「天下三分の計」の実現

孔明が隆中の草廬《そうろ》で、劉備に向かって、「天下三分の計」を献策したとおりに、劉備の掌中に巴蜀の天地が転がりこんでくるまたとない機会が訪れてきた。

赤壁の戦いが終わって、荊州の南部四郡を支配下におき、公安《こうあん》に居城していた劉備のもとに、益州牧《ぼく》の劉璋《りゅうしょう》の使者法正《ほうせい》（一七六〜二二〇）がやって来た。巴蜀の天地を曹操軍の侵略から守るために、ぜひとも劉備みずから援軍を率いて、ご出馬願いたいというのが、法正の口上だった。

当時巴蜀の地に近い漢中地方、いまの陝西省の南部から湖北省の北部にかけて、勢力を張っていたのは、黄巾軍《こうきんぐん》の生きのこりで、五斗米道教国を築いて、後漢王朝さえ遠慮するほどの張《ちょう》魯《ろ》であった。曹操は赤壁で大敗北を喫したが、その後、西のかなた漢中に転戦し、張魯とならびたつ馬超《ばちょう》・韓遂《かんすい》などの軍閥《ぐんばつ》を討伐して、おおいに張魯を脅していたので、つぎはいつ張魯を討って、そのまま巴蜀の地に曹操軍がなだれこんでくるかも知れないという危機感が、巴蜀の長官劉璋を襲っていた。

じつのところ、このとき益州・巴蜀の地をねらっていたのは、曹操、劉備だけではなかった。呉の知将周瑜も長江をさかのぼって、いまのうちにこの地を確保すべきだと、しばしば孫権に進言していた。

そこへ劉璋のほうから劉備に援軍を求めてきたのだから、孔明にとっては渡りに舟というべき絶好の機会がやって来たのだ。巴蜀の地さえ手に入れれば、彼が劉備のために構想した「天下三分の計」が、ついに実現をみるからであった。

ところが、劉備は劉璋の招きに応じることをためらっていた。一つは友好関係にある孫権を無視して巴蜀に入るのは、信義にもとると考えていたからである。二つには劉璋の好意による援軍依頼であるのに、いずれは劉璋を追い落として、それに取って代わろうとするのは節義に欠けると考えていたからであった。劉備は情宜に厚い人物だったので、それが政治のロゴスよりも優先していたのだ。この劉備のためらいをはねかえしたのが孔明であった。

孔明はそのとき、彼とともに劉備の軍師忠郎将におさまった龐統、あの「鳳雛」とよばれた彼の朋友を使って、しばしば情義の名分論にはしる劉備の説得にあたらせた。

現在領有している荊州南部の地方だけでは、人物も物資も底をついているし、これでは、劉備の望んでいる漢室の復興という大事業の達成はおぼつかないので、巴蜀の地がこのさいぜひとも必要であること、さらに臨機応変に事を運ぶべき時だというのに、固定した倫理的な考え方では、将来ともに天下を平定することは不可能であるというのが、龐統の劉備説得の内容だった。

これで、劉備はようやく重い腰をあげ、龐統を参謀長としてともない、数万の兵を率いて巴蜀の地に入った。孔明は関羽・張飛とともに荊州に留守居して、その本拠地の鎮守《ちんじゅ》にあたった。

いったん、劉璋と手を握った劉備は機をみて劉璋のいる成都城をめざして、巴蜀の乗っ取り攻撃に反転した。孔明は関羽に荊州鎮守を委ねて、張飛・趙雲らの豪勇とともに荊州軍を率いて巴蜀の地に入り、劉備軍と合流し、成都城を包囲して劉璋を降した。

時に、建安一九年（二一四）五月のことであった。孔明は三四歳。ここに彼が構想してきた「天下三分の計」が事実上実現をみたのである。

❖巴蜀の人材

諸葛孔明は劉備玄徳とともに、蜀の都、成都に入城して、熱い感動に浸っていた。ながい間、胸中に温めてきた壮大な戦略構想である「天下三分の計」がいま、現実のものとなったのである。こみあげてくる喜びをかみしめながら、そのときすでに一方では、これからの巴蜀の経営をいかに進めていくべきかという思いにとらわれていた。

孔明は軍師将軍となり、署左《しょさ》将軍、大司馬府事を兼任、軍事・行事の両面をとりしきる宰《さい》相《しょう》の地位に座った。とりわけ新政府の人事は、今後の巴蜀における劉備政権の動向を占ううえで、戦後処理の最も重要な案件であった。それだけに朝野の人々の注目の的となっていた。

劉備、蜀漢の官職を定める

従来から劉備とともにあった下臣のうち、関羽は督荊州事《とくけいしゅうじ》に任じられ、引きつづき荊州警護の全権を委ねられた。張飛は巴西太守《はせいたいしゅ》として、現在の重慶市一帯の行政と軍事の責任者となり、趙雲は翊軍《よくぐん》将軍となって、近衛司令として成都の守りを固める役割を担った。

　こうした論功行賞は当然のことであったが、孔明は地元巴蜀の出身者で、旧政権に仕えて信望があり、気骨のある人材をどしどし登用し、軍事・行政の要職に就けるという思いきった措置を断行した。

　たとえば、新しく偏《へん》将軍に任用された黄権《こうけん》（？～二四〇）は旧主劉璋が劉備を巴蜀の地に招き入れようとしたさいに、「累卵《るいらん》の危《き》有り」と反対した人物であった。「もし客人となる劉備にどっしり腰をすえられることにでもなると、主人である劉璋殿の立場は積み重ねた卵同様に、崩れるかもしれぬ危険性をともなうことになります」というのが、黄権の反対する理由だった。新政権の司塩校尉《しえんこうい》、つまり今日の経済企画庁長官の椅子に座った王連《おうれん》（?〜二二四）は、旧領主のもとで梓潼《しとう》の令の任に就いていたので、梓潼城の城門を固く閉ざして、劉備軍の入城を拒み、市民の生命と財産を守り抜いたあっぱれ気骨の士であった。

彼らはいずれも、劉備を歓迎しなかったばかりか、劉備軍を拒み、勇敢に戦った者たちであったが、孔明は彼らを罰するどころか、信頼できる人材とみて、適任に応じて要職につけ、その気概と能力をスタートしたばかりの新政権に必要なエネルギーとして活用することにしたのである。

こうした巴蜀の人材登用のなかで、例外的に特殊な人物がいた。許靖《きょせい》（?〜二二二）がその人である。その伝は『三国志』蜀書の巻第八の冒頭に収めるが、その字を文休《ぶんきゅう》といい、汝南《じょなん》郡平輿《へいよ》の出身である。若いころから従弟の許劭《きょしょう》とともに、人物を見抜く目利《めき》きとして、たいへんな評判をとり、名士たちの尊敬を集めた。

許劭は曹操を乱世の英雄と見たてて有名であるが、許靖とはしっくりいかなかった。自分は汝南郡の功曹《こうそう》、人事担当官となったが、靖を排斥して取り立てようとしない。許靖は馬磨きをして自活した。その後、董卓《とうたく》が政権を握ると、許靖を登用し天下の人事を扱わせた。許靖は汚職官吏を追放し、潁川《えいせん》の荀爽《じゅんそう》・陳紀《ちんき》・張邈《ちょうばく》といった「清流」派の名士をどしどし登用して世間をあっといわせたが、張邈、孔伷《こうちゅう》のように地方の大官となった連中が、反董卓の挙兵に立ちあがったので、許靖は董卓の処刑を恐れて逃亡した。流転亡命のすえに交州、いまのベトナムに入り、交趾《こうち》の太守士燮《ししょう》に優遇されていたが、巴蜀、当時益州とよばれていた太守の劉璋がわざわざ使者をよこして、許靖を召し寄せ、広漢《こうかん》太守に任命した。

その間、この清議の名士は、「清流」派の精神的系譜を引く荀彧《じゅんいく》・王朗《おうろう》・華歆《かきん》・陳紀といった曹魏政権の重臣たちと国境を越えて、書簡による交友をつづけていた。ところが、彼は劉備が成都城をおとしいれたとき、主人の劉璋を見捨てて、城外に脱出した。これを知って劉備は許靖を登用することに反対したが、これほどの有名人を捨てておいては、新政権の評価にかかわりがあるとみる向きがあり、靖を左将軍長史とし、のちに太傅《たいふ》にすえている。許靖は七〇歳を越えても人物を愛し、後進を導き受け入れ、世俗を離れた議論にふけって倦《う》むことがなかった。そういう彼を厚遇し、つねに敬意を表したのが諸葛孔明であった。孔明は、たとえその存在が実務からは遠くとも、実際に後漢の清議を行いぬいた「清流」派名士の風貌と理念を、許靖のなかにみていたからであろう。

こうして巴蜀出身の土着の賢能の士を登用することで、ただでさえ人材が不足がちであった劉備政権の欠陥を補い、あわせて旧政権から新政権に移行するさいに生じる摩擦を取り除くことにつとめたのである。

❖孔明の内政

今日のこっている『諸葛丞相集《じょうしょうしょう》』をみるかぎり、孔明の思想的骨格をなしているのは儒教を根底にした法家《ほうか》思想であったと思われる。新政権の誕生まもなく、孔明は「蜀科」と称する法令をつくり、厳格な法律の運用で人心の引き締めにかかり、無益な私的報復と制裁から土着の人々を守る方針を打ち出した。「蜀の国創りが始まったばかりだから、少しは刑法を緩くしたらどうか」という批判的な意見も出たが、孔明は「法令を厳しくして、取り締まるものはどしどし取り締まり、功績のある者には、それをたたえて官爵をあたえるようにして、上下の節目をつくるのが、政治の要諦《ようてい》である」と言って、妥協することはなかった。

この見解は信賞必罰主義であるが、三国時代の覇者・軍師にとって、乱世を乗りきるためには、つとめて信賞必罰を明らかにすることが、必要不可欠な条件であった。三国時代から少し遅れた四世紀の半ばごろに、『華陽国志《かようこくし》』という書物を著した史家の常璩《じょうきょ》は、「孔明は法を厳正したが、蜀の民衆は誰一人として彼を怨む者はなく、かえって孔明が死ぬと、涙を流して嘆き悲しんだ」

と記して、孔明の法治のやり方がまちがっていなかったとたたえているが、このことは彼の法治が儒教の仁恕《じんじょ》（人を愛し、人を許す）の思想にもとづいておこなわれていたことを証明していた。

内政問題のほとんどを、孔明は自分の責任で取り仕切っていただけに、その苦労はなみたいていではなかった。もちろん、内政は人事・法律にとどまらない。巴蜀の地の経済力をつけ、それを富国強兵につなげていかねば、新政権の存続はたちまち危機にさらされてしまうであろう。そのことをいちばん孔明は知っていた。

当時、巴蜀の地の経済を左右する生産物はやはり塩と鉄であった。これを新政府の大きな財源となし、巴蜀の将来的な経済の安定を図るためには、多少の不満や反対があっても、それを押し切って、塩鉄の国による統制専売を断行する必要があると、孔明はみていた。

諸葛孔明

孔明の全幅の信頼を受けて、塩鉄の統制専売の重要な任務に取り組んだのが、司塩校尉の王連であった。
孔明が見抜いた通り、王連は気骨のある有能な仕事師であった。彼の塩鉄政策はしだいに功を奏し、巴蜀新政権の台所を着実に潤し、その経済的な基盤を強固にした。

この急速な経済の成長を背景に、劉備は成都入城後三年を経た建安二三年（二一八）に、蜀の桟道から漢中に攻め入り、これを支配下におき、翌年の七月、漢中王となった。ところが、その年の秋八月、荊州督事の関羽は兵を起こして、荊州における魏の前線基地、樊城を包囲したが、この関羽の威勢を恐れた呉の孫権が、その背後を襲い、あえなく関羽が落命するという事件が起こった。

さらにその翌年の建安二五年の一月、曹操が死没すると、その年の十月には曹操の子の曹丕《そうひ》（一八七～二二六）が、後漢の献帝《けんてい》（一八一～二三四）を廃して、魏の文帝《ぶんてい》となった。これに呼応して、翌年、劉備も蜀漢帝国の主として帝位に就き、孔明はその丞相《じょうしょう》となった。

三　関羽の死と劉備の東征への執着

❖関羽の戦死

建安二四年の五月、巴蜀に入った劉備が漢中から曹操の勢力を追いだして、ようやく孔明の「天下三分の計」が、現実のものとして機能し始めたばかりのとき、関羽はみずから兵を動かし、荊州の樊城《はんじょう》、今の湖北省襄陽《じょうよう》にあった魏の前線基地に向けて攻撃に出た。樊城には、曹操の弟曹仁《そうじん》が征南将軍として、これを守っていた。関羽は輩下の部将糜芳《びほう》と傅士仁《ふしじん》のそれぞれに、荊州における蜀の根拠地である江陵と公安を守らせての出撃であった。その夏八月は荊州では大雨が降り続き、樊城の近くを流れる漢水が氾濫した。ために、曹仁の後詰《あとづ》めをしていた魏の部将于禁《うきん》・龐徳《ほうとく》の両部将は兵を率いて、樊城郊外の高地に避難した。水戦となると、魏の両将に比べて関羽のほうがはるかに熟達していた。大きな兵船を使って関羽は追撃にかかった。追い詰められた于禁は捕虜となり、龐徳は殺された。関羽軍の威勢はあがった。曹仁以下数千の守備兵がたてこもる樊城は、水浸しのなかで、完全に孤立した。

関羽

関羽の威勢は、たしかに樊城を一呑みにして魏の都の許《きょ》まで一挙に攻め上るかのごとき気配さえ感じさせた。事実、関羽の威勢に押されて、曹操は、一時、魏の都を移そうと考えたほどであった。このあたるべからざる関羽の鋭鋒を恐れたのは、曹操ばかりではなかった。呉の孫権もたしかに畏怖《いふ》を感じていた。

この時、魏の知将、司馬仲達《しばちゅうたつ》（司馬懿《い》、一七九～二五一）は、樊城の危急を牽制《けんせい》するために、孫権に江南の支配権を認めることで、関羽を背後から襲撃させてはいかがと、曹操に献策した。

この献策が曹操を動かし、孫権に伝えられたかどうかは、いまひとつはっきりしない。

孫権の臣下で鎮西《ちんぜい》将軍の呂蒙《りょもう》（一七八～二一九）、字を子明《しめい》といい、汝南の出身であった。むしろどちらかといえば実戦派の武骨な男だったが、呉の孫権に仕えるようになってからは、熱心に学問を修め、ひとかどの学者になった。久しぶりに魯粛《ろしゅく》が呂蒙と会って、議論を交わしてみると、魯粛のほうが押されぎみである。魯粛は呂蒙の背中をたたいて言った。

「吾、謂《おも》えらく、大弟はただ武略あるのみと。今に至りて学識英博なり。また呉下の阿蒙《あもう》にあらず」

呂蒙はこれをひきとって、切り返した。

「〈士は別れて三日、すなわち括目《かつもく》して相待す〉というではありませんか」

しかも、蜀の関羽が武略にたけているだけではなく、学問好きで、『春秋左氏伝』をほぼ暗唱できるほどであると褒めておいてから、ただ関羽の自負心だけがその弱点だと、呂蒙は魯粛に教えたというから、彼がただ者ではなかったことは確かである。

この呂蒙が、曹操との対決を回避した関羽の勢力を荊州から駆逐《くちく》することが急務であると孫権に説いた。関羽の荊州での動向に脅威を感じて、なんとかしなければと焦燥感にかられていた時機だけに、孫権は呂蒙説を入れた。

もとより関羽は、陸口《りくこう》に駐屯している鎮西将軍呂蒙が強者であることを知っていたので、これを警戒して、江陵と公安に十分な守備兵を残しておいて備えにあてていた。そこで呂蒙は一策案じた。彼は病気を理由に建業《けんぎょう》に帰り、そのかわり陸遜《りくそん》（一八三～二四五）を陸口の守りにあてた。陸遜は呂蒙より五歳若く、その名声はいまだしの感があった。そこが呂蒙のつけめであった。関羽に、油断させる絶好のえさを投げあたえたのだ。たしかに関羽は陸遜をみくびっていた。ところが、陸遜はこれまたなかなかの知恵者で、わざわざ関羽に書状を届けてその武勇をたたえておいて、その自負心をあおった。これで、関羽は呉に対する警戒心をすっかり緩めてしまった。その証拠に樊城総攻撃に向けて、江陵・公安の守備兵の一部を割いて増援にさ《さ》し向けた。それればかりか、于禁ら魏軍の捕虜を抱えて、兵糧の不足を嘆いていた関羽は、湘関《しょうかん》に保管されていた呉の糧秣庫《りょうまつこ》を破って収奪した。

これを知って、孫権はおおいに怒った。さっそく、魏の曹操のもとに関羽を討伐する旨の書状を送っておいて、呂蒙に命じ、きわめて隠密裏に関羽の背後を突かせた。背後とは、荊州における蜀軍の拠点で、手薄となっていた江陵と公安である。ここを守っていた麋芳と傅士仁は、樊城攻撃にあたって兵站《へいたん》の任務を怠り、関羽の怒りを買っていた。そのため、一本気な関羽の懲罰《ちょうばつ》を恐れていた。陸遜の軍が公安を襲うと、先に傅士仁が降伏、呂蒙の軍が攻撃をかけた江陵でも、麋芳はあっさりと守備を放棄して、呉軍に降った。こうして孫権は、劉備と孔明が苦心して手に入れた荊州を難なく制圧した。

樊城を包囲して、陥落寸前のところまできて、あと一手の詰めに関羽が苦労していたとき、すでに樊城には、有力な魏の援軍が到着していた。関羽はこれ以上樊城に攻め入ることができない。しかも根拠地の江陵と公安を呉軍に制せられては、ひきかえそうにもままならぬ状態に陥っていた。部下の将兵も蜀軍の不利を悟ってか、すっかり意気阻喪《そそう》した。樊城の囲みを解いた関羽は、わずか十余騎を従えて、当陽の麦城《ばくじょう》めざして血路を開かんとしたが、孫権麾下《きか》の部将にその退路も断たれ、ついに湖北省の当陽県にある漳郷《しょうきょう》で呉軍に生け捕られてしまった。

孫権はよほど関羽を恐れていたとみえて、さっそくこれを斬首の刑に処した。しかも、わざわざ引き出物として魏の曹操のもとに、関羽の首を送り届けている。この時、関羽の息子の関《かん》

関帝廟　曹操が関羽の首を王侯の礼を以って葬った地に建つ。（ユニフォトプレス提供）

平《へい》もまた父と運命をともにしていた。時に関羽は六〇の歳をわずかに越えたばかりであった。

関羽の死は、巴蜀にいた劉備と孔明におおきな衝撃を与えた。とりわけ劉備にとって、挙兵以来、苦楽をともにしてきた関羽は、弟分としてかけがえのない存在であった。しかも、「天下三分の計」を実現するためには、なくてはならない荊州を失ってしまったのだ。劉備はこの時、癒《いや》しがたい悲しみにうちひしがれた。劉備は孫権を恨み、関羽に復讐を誓った。

❖劉備、帝位に就く

建安二五年（二二〇）、関羽が殺された翌年の一月、魏王曹操は六六歳で病没した。二男の曹丕《そうひ》はただちに父の跡目を襲って魏王・丞相《じょうしょう》となり、その年の秋、予定どおり漢の献帝から皇位を譲り受けるいう禅譲《ぜんじょう》の形式を踏んで、曹丕は、魏の皇帝の位についた。これが魏の文帝《ぶんてい》である。父の曹操には武帝《ぶてい》の諡《おくりな》を贈り、献帝は一介《いっかい》の山陽公《さんようこう》に封ぜられ、年号も黄初《こうしょ》と改めた。あっけない曹操の死であり、漢王朝の結末であった。

この知らせが、巴蜀の地に届くと、孔明は劉備に向かって帝位につくことを勧めた。劉備は深くうなずいた。

魏の黄初二年（二二一）四月、劉備玄徳は、成都で蜀漢《しょくかん》帝国を築き、皇帝となった。時に劉備、六〇歳。生まれ故郷涿《たく》県で兵を起こしてから、すでに四〇年の歳月が流れていた。その年は蜀の年号に改めて章武《しょうぶ》元年とした。皇太子には劉禅《りゅうぜん》（二〇七〜二七一）を立て、諸葛孔明を丞相、許靖《きょせい》を司徒《しと》に任じた。孔明は同時に録尚書事《ろくしょうしょじ》となった。丞相は総理大臣、録尚書事は皇帝の機密をあずかる側近職である。これで孔明は、蜀漢帝国における臣下としての最高の地位に昇り、最大の権限を掌握することになった。

蜀漢帝国の皇帝となった劉備がまず志したのは、関羽の仇討ち、呉に奪われた荊州の失地を回復することであった。

❖関羽の仇討ちと荊州奪還のための東征

関羽はかつて魏の曹操に捕らえられたことがある。その時、この一騎当千の豪傑をこよなく愛した曹操は、かれを捕虜としてではなく、部将として優遇し、自分のもとで働いてくれることを強く望んだが、関羽はそれをふりきって、劉備のところに帰っている。かく関羽は劉備を慕い、劉備もまた関羽に全幅の信頼を寄せていた。はじめて手中におさめた荊州の根拠地を関羽に委ねたのもそのためだった。その押さえを背景にして劉備は巴蜀の地へ兵馬を進めることができたのである。

その関羽を不意打ちに等しいやりかたで捕らえ、かれの首級を曹操にまで送り届けた孫権の仕打ちを、劉備はどうしても許すことはできなかった。しかも、関羽だけは、孔明・張飛・趙雲とは違って、新天地、巴蜀の国をその眼で見る機会がないままに、孫権の術中にはまり、あえなく命を落としてしまった。さぞ無念であったにちがいない。そう思うと、劉備は関羽が痛ましく、哀れでならなかった。なんとしても、劉備は自分の手で、この仇を孫権に報いねばならぬという憤怒《ふんぬ》にかられた。

劉備に東征を決意させたのは、関羽の仇を討つという私情に発していたというのが、従来からのもっぱらの説であるが、果たしてそうであろうか。劉備は、いまや小なりとはいえ、一国の皇帝である。その皇帝が憤怒に任せて、一国の大軍を動かしていては、国は保てまい。劉備はこの時、たしかに報復の炎に憤怒の心をたぎらせていたが、東征をはやった最大の理由は他にあった。

そもそも荊州の領有地は、赤壁の戦いの後、劉備がやっと手に入れた根拠地であり、この根拠地があって、巴蜀の制覇が達成できたのである。しかも巴蜀の制覇に功績があった兵士たちは、いずれも、荊州から徴発されて、巴蜀の地に仮住まいのかたちで屯営《とんえい》していた。いまや、この荊州出身の兵士たちは、帰るべき故郷を失ったのである。その不安と動揺を、どうやったらおさめることができるか、それはただ、荊州の失地を回復することよりほかになかった。

それればかりではない。最終的に中原の地を攻略目標にすえるとすれば、荊州がなければ、険《けん》阻《そ》な蜀の桟道《さんどう》を越えねばならず、これには距離が遠いというマイナスだけでなく、一度出陣すれば、ふたたび帰還ができる保障がないという危険をともなっていた。兵站《へいたん》路線が延びきって、兵糧の補給が利かなくなり、しかもその間に横たわる秦と蜀の桟道が難所ときていては、その退路を断たれて、絶体絶命に立たされる危険があったからだ。しかし、これが荊州の地になると、かかる危険をともなうことなく、容易に中原に達することができた。

つまるところ荊州の位置は中原の地の喉もとにあたっていた。荊州における魏の最前線にある出城といえば樊城であるが、関羽によって、これが陥没しそうになったとき、曹操は魏の都である許を他所に移すことを本気で考えたという。それほどに荊州から攻め上れば、魏の都はすぐそこにあった。この荊州を失ったことは、劉備にとって、中原制覇の野望を断たれたに等しかった。これが、劉備を東征に駆り立てた最大の理由だった。

❖東征計画への反対意見

劉備が東征計画を発表すると、真っ先にこれに反対したのは、巴蜀の土着の人々であった。

蜀漢帝国の成立は、いちおう魏と呉に対抗できる安定政権の樹立を意味していた。その意味では、旧主よりも、劉備へ寄せる信頼のほうが厚かった。彼らは一応の落着きを取り戻したばかりであった。その矢先の東征とあっては、またもや、戦争に巻き込まれて、生活や死の不安にさらされねばならぬ。彼らが反対するのは、当然だった。その意見を率直に上奏に及んだのが、広漢出身の官僚秦宓《しんふく》であった。秦宓は東征が天の時機にかなわないといって強硬に反対したがために、獄に投ぜられてしまった。

反対したのは、土着の人々だけではなかった。劉備の腹心ともいうべき諸将のなかにも、東征阻止の声はあがっていた。趙雲《ちょううん》の意見がそれを代表していた。

「蜀の国賊《こくぞく》は、曹操であって、孫権ではありません。まずもって魏を滅ぼすことができたならば、孫権はおのずから降伏するでしょう。曹操は死にましたが、息子の曹丕が帝位を奪いました。天下の人々は、これに服してはおりません。この人心の動きを利用して、つとにわが軍が北上して漢中に侵攻し、黄河・渭水《いすい》の上流一帯を占領して、魏をお討ちになれば、関東で、漢に心を寄せる忠義の士が兵糧を持ち、馬にむちうって馳せ参じ、王者の軍を喜び勇んで迎えるでありましょう。その魏をほうっておいて、さきに呉と事を構え、干戈《かんか》を交えるようにでもなれば、そのうちに引くにも引けなくなる状態に陥るのは必定《ひつじょう》です」

しかし、この趙雲の意見にも、劉備は耳を貸そうとはしなかった。

この時、孔明はどうしていたのか。のちに、蜀漢帝国の運命を狂わせ、劉備の死を早めることになったこの東征に対して、孔明はどう考えていたのか。いま、それを知る手掛かりを、史書は記《しる》してはいないが、孔明もそれに賛成していなかったことだけは確かである。これは、東征失敗後のことであるが、孔明は、

「法正《ほうせい》がもし健在であったならば、ご主君を止めて、東征をさせなかったであろうに。たとえ東征に出かけられたにしても、こんな危険な状態には、陥らせることはなかったであろう」

と嘆いているからである。法正は旧政権時代からの冷静沈着な政治家であった。これからすれば孔明は、直接劉備に東征反対の意志を表明することは避けたとみられる。なぜか、この時ばかりは、積極的に反対する気になれなかったというのが実情に近いだろう。

なぜなら、孔明には孫権討伐にはやる劉備の気持ちが、手にとるように分かっていたからである。関羽と劉備の結びつきが、尋常《じんじょう》な君臣関係ではなく、兄弟に近いそれであることを、だれよりも孔明は知っていた。巴蜀の地とともに、最初から「天下三分の計」のなかにくり込まれていた荊州の地を、ぜひとも奪回したいと願い、それに執着する劉備の気持ちが、だれにも増して孔明には分かっていた。

しかしながら、また、蜀漢帝国草創の時期に、為政者がとるべき道は国内秩序の維持と行政の整備・安定にあり、そのつぎの段階で、取り組まねばならぬ対外政策は、呉との提携であっ

張飛

た。それを背景にして、中原の地に進出して魏を制覇することが、最大の眼目で、けっして呉を敵に回すべきでないという考えは、隆中《りゅうちゅう》の山中ではじめて会った劉備に、「天下三分の計」を説いて以来の一貫した孔明の持論であった。

　こうしてみると、この時の孔明は、「天下三分の計」そのものの矛盾のなかで揺れていたとみるのが真相に近いであろう。その揺れが、孔明をして、劉備の東征に積極的に反対する態度をとらしめなかった理由である。

❖張飛の横死

　東征を前にして、一つの不幸な知らせが劉備のもとに届いた。張飛の治所がある巴西郡《はせい》の閬《ろう》中《ちゅう》、今の四川省閬中市から届いた一通の上奏文がそれであった。

「張飛将軍の屯営《とんえい》からの上奏文にございます」

と、取り次ぎの者が報告したとき、劉備はとっさに叫んだ。

「ああ、張飛が死んだ」

張飛は元来部下に対して厳しすぎるといううわさがあった。かねてから劉備は、張飛のために、そのことを恐れていたのだ。劉備は上奏文だと聞いただけで、一瞬にして背筋がこおりつくような不吉な予感に襲われた。

劉備の心配は的中していた。やはり、張飛は部下の手にかかって殺されていたのだ。直情《ちょくじょう》径行《けいこう》の張飛は、部下をかわいがりもしたが、これを罰することにも厳しくありすぎた。

劉備は関羽に次いで、張飛まで失ってしまったのだ。戦にかけては、この二将軍は一〇〇万の兵に匹敵する存在であっただけに、劉備にとって左右の腕をもがれた思いであった。

❖劉備、東征す

張飛の死という悲しみが癒《い》えぬ章武元年（二二一）夏七月、劉備はみずから東征の大軍を率いて、成都から江南の地に向けて出発した。長江を下る蜀軍には、蜀漢帝国がその時に動員できる最大限の兵力が投入されていた。

孫権は、劉備が大規模な東征軍をくり出すと知って、蜀との衝突を回避すべく和睦《わぼく》の使者を成都に差し向けた。孔明の兄の諸葛瑾《きん》が、再びその使者の役割を務めた。諸葛瑾は、劉備に向かって言上した。

荊州は天下の大なるにしかず。

関羽の仇を討つことは、献帝の仇を討つことにはしかず。

これが、諸葛瑾が呉の使者としてくり返し説く口上の骨子であった。要するに諸葛瑾は、「呉よりも先に、魏を討つべきであって、荊州の失地回復と関羽の仇討ちのための東征は、天下制覇を成し遂げ、漢王朝の再興をねらう蜀漢らしからぬやりかたではない」かというのだ。しかしながら、これは、あまりにも身勝手な虫のよすぎる議論というもので、いまさら、劉備がこの意見に耳を貸すはずはなかった。

劉備は、呉の最前線の砦であった重慶市巫山《ふざん》県の巫《ふ》を攻略し、現在の湖北省秭《し》帰《き》県の秭帰城にまで怒濤《どとう》の勢いで進撃し、ここに駐屯した。このような情勢をみて荊州南部の士族は、劉備に内応して蜂起したので、東征は蜀漢軍にきわめて有利に展開するかのようにみえた。その年は、この秭帰城までの進撃で終わったが、劉備は翌年（二二二）の春に東進を開始して夷陵《いりょう》・猇亭《こうてい》を占領し、そのまま猇亭城に屯営した。

この時、劉備は、東方に向かって、しだいに細長く延びる戦線のために兵站《へいたん》基地を確保する必要から、巫から夷陵までの約六〇〇キロメートルの間に、柵を設けて数十の陣営を張った。この布陣のありさまを伝え聞いた魏の曹丕・文帝は、

「劉備は戦術を知らない。七〇〇里（約六〇〇キロメートル）にわたって陣を布いて、敵を防

ぐ手段があろうか」

と、笑ったという。

劉備の部将黄権《こうけん》は、猇亭からは自分が先陣をつとめるので、劉備は後陣にあって自重なされるようにと勧めたが、劉備は聞き入れず、みずからは長江南岸から、主力軍を率いて荊州に入り、黄権の部隊を長江の北岸に進めて、荊州の北部地帯の固めにあたらせることにした。

これを迎え撃つ呉の将軍は、陸遜《りくそん》である。陸遜は、今の湖北省宜都《ぎと》市の北三〇里のところで、長江の北岸に陣を布いて猇亭城にいる劉備と相対峙した。この時、陸遜は戦にはやる諸将を厳しく戒めて、応戦させなかったので、半年に近い膠着《こうちゃく》状態が続いたままで、両軍は動かなかった。

この膠着状態こそ、陸遜のねらいであった。長征してようやく疲労の色がでてきたところに、かくも長い対陣である。蜀軍は完全に気勢をそがれてしまった。陸遜の作戦は図にあたった。

閏《うるう》六月、陸遜は倦怠《けんたい》と疲労の色が濃くなった猇亭の蜀軍に、火攻めの急襲をかけた。兵士にそれぞれ一把《いちわ》の茅《かや》を持たせて、蜀軍に突入して火を放ったのである。これで、一挙に蜀軍は崩れた。先陣が崩れると、東西に長く延びた数十の軍営も瞬く間に浮き足だってしまった。狭い山道で進退の自由を失って混乱をきたした蜀軍は、そのまま総崩れとなってしまった。

劉備は夜陰《やいん》に紛れてかろうじて逃れて秭帰城まで帰り、ここで敗軍の兵をまとめて白帝城《はくていじょう》に

劉備の東征を迎え撃った陸遜　この絵の「魚腹浦」とは、劉備軍が撤退する際、呉軍を迷わせるために孔明が築いた八陣が設けられた所で、それに陸遜が殺気を感じている『三国志演義』での一場面。もとより史実にはない。

入ることができた。劉備が白帝城を永安《えいあん》と改めたのは、この時である。

❖黄権《こうけん》は孤《われ》にそむかず

いっぽう黄権の率いる蜀軍は、江北にあったために火攻めは免れたが、今の湖南省北部でとりのこされて孤立し、完全に巴蜀への退路を絶たれてしまい、やむなく魏に降っている。この知らせを受けた蜀の司法官は、軍法をたてに黄権の家族を逮捕しようと、劉備の許可を求めたが、劉備は、

「孤《われ》は黄権に負《そむ》く。黄権は孤に負《そむ》かざるなり」

と言って、今までどおり、黄権の家族を処遇した。

魏の文帝・曹丕は、黄権を召し出して、自分に仕えないかというと、黄権は、

「わたくしは劉備殿から身に余る優遇を受けてまいりました。そのわたくしが貴国に帰順いたしましたのは、退路を断たれて帰るに帰れず、さればといって呉に降るのも潔しとしなかったからであります。敗軍の将でありながら命を永らえることができましたのは、それだけでも幸いとしなければなりません。先人の例にならうなど、とてもそんな気になりません」

と、断った。文帝も、

「なるほど、よく分かった」

と言って、黄権に鎮南将軍の称号をあたえ、育陽侯《いくようこう》に封じて側近にとりたてている。その後、「黄権の家族が処刑された」というデマが魏に届いたが、黄権は劉備がそんなことをするはずがないと信じなかったという。

❖東征の失敗

かくして荊州は永久に蜀漢から失われた。積極的に劉備の東征を諫止《かんし》しなかっただけに、孔明にとって、みずからが策定した「天下三分の計」の策略構想の一端がこれで崩れさったのだから、東征の敗北は一大痛恨事であったにちがいない。

劉備の大軍を撃退した呉の孫権軍の勢いはおおいに上がった。この機会を逃さず、劉備を追撃して、巴蜀の地を奪うべきだという意見もあったが、陸遜は、江南の本拠を空にしておいて、巴蜀の地に大軍を進めるのは、そのすきを魏につかれて、本拠を奪われる危険があるといって反対した。孫権もこの進言を入れて、軍を帰した。

呉が蜀に大勝したという知らせを受けた魏の文帝は、臣下の礼をとっていた孫権に対して、人質を送るように要求したが、孫権はこれを拒絶した。呉の御都合主義に怒った魏は不可侵条約を破棄すると、さっそくに呉へ大軍をさし向けてきた。

孫権は、劉備がこの機会にふたたび呉の制圧に乗りだすのではないかと恐れて、劉備に和睦を申し入れた。劉備はこれを受け入れた。受け入れざるをえなかったといったほうが、実情に近かった。劉備には、ふたたび兵馬を調《ととの》えて、呉に攻め入るだけの兵力もなく、気力もなかった。それほどに、東征の大敗は、建国間もない蜀の国運に大きな打撃をあたえていた。

❖劉備の崩御《ほうぎょ》と孔明への遺勅《いちょく》

白帝城に逃げ込んだ時、すでに劉備は病んでいた。回復しようのない敗戦の打撃は、心身ともに劉備を蝕《むしば》んでいた。病状は下痢から始まって、急速に悪化した。この知らせを受けた孔明は、章武三年（二二三）の二月、成都から白帝城まで駆けつけた。

その四月、劉備はふたたび成都の空を見ることなく、霧深い山峡の孤城で、波乱に富んだ六三年の生涯を閉じた。

孔明に後事を託す劉備　今の白帝城に展示されている等身大の彫像群。（江述林撮影、四川美術出版社発行の絵葉書より）

劉備は重態に陥って、余命いくばくもないと悟ったとき、成都から急行してきた孔明を枕もとに呼び寄せ、後事を託した。

「君の才は、曹丕（魏の文帝）に十倍す。必ずよく国を安んじ、ついに大事を定めよ。もし嗣子《しし》輔《たす》くべくんば、これを輔けよ。もし不才なれば、君みずから取るべし」

劉備は、孔明の才能が魏の曹丕より一〇倍もすぐれていると信じて疑わなかった。嗣息《しそく》の劉禅《りゅうぜん》に天子としての器量・才能がなければ、孔明自身がこれに代わって帝位に就けとまで言ったのである。これはなかなかに、吐ける言葉ではない。

この時の劉備は帝位をだれが継承するかという問題よりも、「大事を定める」こと、つまり天下一統の覇《は》業《ぎょう》を成し遂げ、漢室を復興することに、重きをおいていたのだ。この大事業を成し遂げる者は、魏の曹丕の才能よりも一〇倍もすぐれた孔明をおいてほかにないからであった。

孔明は、劉備の遺言を聞いて、感涙にむせんだ。

「臣は股肱《ここう》の力を尽くし、忠貞の節を効《いた》し、これに継ぐに死を以てせん」

孔明は、これまでどおりに臣下としての忠義を尽くし、死をもって、劉備の意志の実現にかかることを誓った。いかなる大義名分があろうとも、孔明には、劉備の跡目を襲う気持ちはさらさらなかった。たとえ遺言で「君みずから取るべし」と言われても、孔明はその気になれなかった。「水魚の交わり」を結んで以来の一貫した孔明の態度であった。みずからの志が、劉備という漢室の血統をたててこそ、はじめて生かされるものであることを孔明は知りすぎるほど知っていた。

後漢末の「清流」派知識人たちは〈身を殺して仁をなし〉〈家のためにせず国のためにして〉おびただしい血を流してきた。孔明はその血をむだにする一切の行動をかたくなに拒否してきた。孔明がきっぱりと、股肱の臣として死をもって蜀漢帝国の中原進出に尽力して漢室の再興を図ることを、劉備に誓うことができたのは、そのためであった。

❖劉禅の即位

劉備はまた、成都にいる皇太子の劉禅に遺詔《いしょう》をのこした。

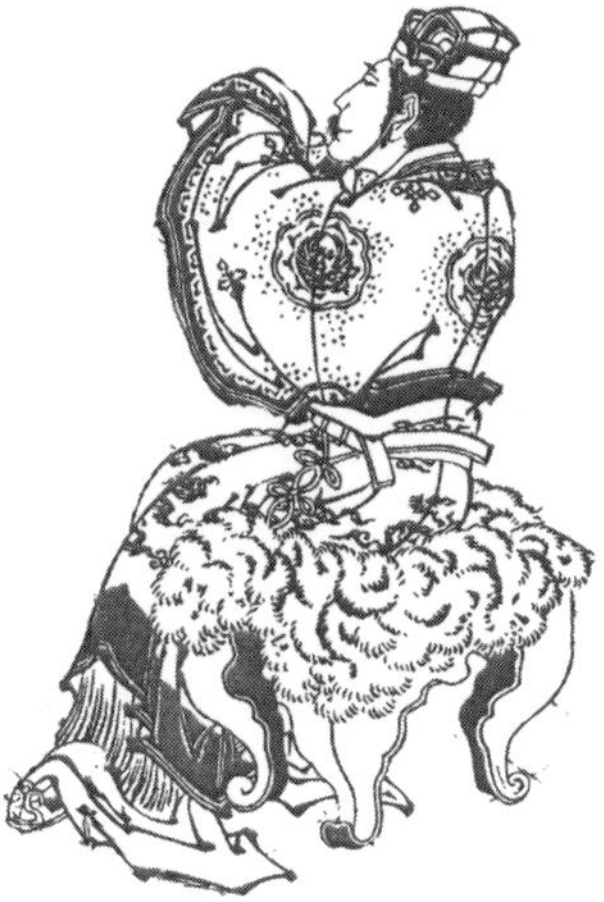

劉禅

「わしの病は、始めはただの下痢にすぎなかったが、その後、余病を併発し、もはや回復の望みはない。ただ一つ気がかりなのは、おまえたち兄弟のことだ。先日、大将軍参謀の謝援《しゃえん》が見舞いにきて言った。『丞相《じょうしょう》孔明殿は、劉禅様が才能・人徳ともに人並みすぐれて、その成長ぶりには驚くばかりだと感嘆しておられます』。もしそのことばが事実だとすれば、心にかかることはなにもない。要は努力することだ。くれぐれも努力を怠ってはならぬ。小さな悪だからといって、けっしておこなってはならぬ。『漢書《かんじょ》』と『礼記《らいき》』はかならず読むがよい。さらにまた暇をみて、諸子百家《しょしひゃっか》と『六韜《りくとう》』『商君書《しょうくんしょ》』をひもとき、古人の智恵を学ぶことだ。聞くところによれば、丞相は『申子《しんし》』『韓非子《かんぴし》』『六韜』を書き写して、おまえに送ろうとしているが、まだできあがってはいないということだ。みずからいっそう努力を重ねて、向上に心がけるがよい」

いよいよ臨終の際に、まだ幼い二男の魯君《ろくん》を抱き寄せて、

「わしが死んだあとは、おまえたち兄弟は、丞相を父と思って仕えるよう。よいか、なにごとにつけても、丞相の意見に従うのだ」

と、言って聞かせた。

章武三年夏四月、諸葛孔明は、棺を奉じて成都に帰り、幼主劉禅に白帝城における劉備の崩《ほう》御《ぎょ》のありさまを報告し、大喪《たいそう》の儀式をとりおこなわせた。劉備の遺言で、官吏の服喪《ふくも》は三日だけとした。劉備は諡《おくりな》して昭烈皇帝《しょうれつこうてい》と称せられた。服喪三日とは異例の措置であり、死に際して劉備がいかに蜀の事情に危機感を抱いていたかを知らせるものであった。

敗戦による国力の消耗と心理的な打撃は、巴蜀のすべての人々のものであったが、それを打開する仕事は今後の大きな政治的課題として、そのまま孔明の双肩にかかってきた。この年の五月、一七歳の劉禅は成都で皇帝の位に就いた。

四　孔明の外交政策と南征

❖宰相孔明の名臣抜擢

孔明は、幼主劉禅のもとで、武郷《ぶきょう》侯《こう》に封ぜられ、益州（蜀）の牧《ぼく》、つまり益州の最高責任者となった。しかも張飛なきのち、彼に代わって警視総監にあたる司隷校尉《しれいこうい》を兼ねることになった。孔明は、さっそく施政の大方針を、蜀漢の官僚たちに伝達した。

「行政措置の決定の前には、意見を述べ合い、検討して、衆人の思慮を集め、国家的利益を大きくすることが大事である。もしも少しでも疑問点を残して、種々の異なった意見を十分に検討しないままにしておいたら、行政に欠損を生じるだろう。異なった意見があれば、検討して最後に妥当な線で決定すれば、破れた草履《ぞうり》を履き捨てたのち、珠玉《しゅぎょく》を見つけだしたように、苦労の末の喜びがあるはずだ。わたしの知人の徐元直《じょげんちょく》（徐庶《じょしょ》）は、このことを立派に実行した。また、董幼宰《とうようさい》（董和《とうわ》）とはいっしょに七年間も行政措置に携わったが、不十分なことがあれば、十日もともに事の是非を議論し、教え合ったものだ。もしわたしに元直の十分の一のおこないがあり、董幼宰の入念さに倣《なら》うことができていたならば、わたしはもっと過失を少なくすることができたであろう」

　ここに登場する、徐庶は、母を曹操に捕らえられてやむなく魏に降《くだ》った荊州時代からの友人であり、董和は巴郡の人で、質素な勤勉家で人々に慕われていた。建安一六年、成都に劉備が入ったとき、掌軍中郎将《しょうぐんちゅうろうしょう》として孔明を補佐して軍行政の任にあたったが、建安の末に没していた。

　この施政方針には、孔明のいかにも誠実な人柄がにじんでいる。しかも、しかつめらしい訓示として終わっていない。かつて仕事をともにした友人の追懐《ついかい》に及び、自己批判を忘れないで、施政の要諦《ようてい》である衆議公論《しゅうぎこうろん》に決すべき事態をしっかりと押さえていた。

『華陽国志《かようこくし》』の伝えるところによると、孔明は不備であった官制を整え、新しく必要な官職を設けて、適材適所の人物を任用したが、この時も、蔣琬《しょうえん》・李劭《りしょう》・馬勲《ばくん》・宗預《そうよ》・費禕《ひい》・董允《とういん》・郭攸之《かくゆうし》などの名臣が、孔明によって抜擢《ばってき》されたという。

　劉禅の即位で改元になった建興《けんこう》の二年（二二四）のことであるが、『三国志』蜀書杜微伝《とびでん》には、劉備の時代、耳が聞こえないと称して仕えなかった杜微のもとへ、孔明はわざわざ輿《こし》を遣わして彼を迎え入れ、筆談でもって、その就任を促した。

「わたしは、その資格に欠けるにもかかわらず、益州を統治しているが、徳薄く任重く、心配でならない。君主は今年一八歳になられるが、天性仁敏であって、徳を愛し、士に下り、ために天下の人々はみな蜀漢の王室を慕っている。どうか願えることなら、わたしはあなたとともに、天命と人望にしたがい、この明王を助けて、漢室再興の功を盛んに上げて、勲《いさお》を書物にのこしたいものである」

さしも頑固な逸民《いつみん》の杜微も、漢室再興にかける孔明の誠心誠意の誘いに動かされて、蜀の諫議大夫《かんぎたいふ》の任に就くことになった。さらに、劉備の東征に反対して獄中に投ぜられていた秦宓《しんふく》も釈放され、孔明の懇請で益州の別駕《べつが》に任じられた。

❖鄧芝《とうし》を呉につかわす

かくして新しい世代の任用が進み、乏しいかにみえた人材が確保されて、焦眉《しゅうび》の課題であった蜀漢の再興計画はしだいにその実をあげていった。いっぽう外交措置としては、中原の地に兵を進めて漢室を再興するという劉備の遺志を受け継いだ孔明にとっては、あくまで魏を倒すことが目的であったので、呉との友好関係は持続する方針を貫いた。

この時、尚書《しょうしょ》の鄧芝《とうし》(?〜二五一)が、蜀と呉の友好関係を暫定的なものでなく、いっそう強固にするために、大使の派遣が良策であると孔明に進言した。もとより、孔明に異存はなかった。ただちに鄧芝を修好使節として孫権のもとに遣わした。建興元年、劉禅即位の年の秋一〇月のことであった。
さて鄧芝は、個人として孫権に上書して伝えた。

臣、いま来るや、また呉のためにせんと欲す。ただ蜀のためにするのみにあらず。

呉との国交修復は、ひとり蜀のためだけではない。呉の利害得失が大きくかかわっているのだという鄧芝の上書に、孫権はうごかされた。鄧芝を引見した孫権は、本音を吐いて鄧芝の出かたをうかがった。

孤《われ》は、まことに蜀と和親せんと願う。然れども、蜀主幼弱にして、国は小、勢いは弱く、魏の乗ずるところとなりて、自ら保全せざらんことを恐る。これをもって猶予《ゆうよ》す。

それに対して鄧芝の舌鋒《ぜっぽう》はさえていた。
「いま呉と蜀の領土を合わせれば、天下一三州の内その四つを占めていて、けっして狭いとはいえません。しかも呉の君主たる大王は当代の英雄、蜀の丞相である諸葛孔明は一世の英雄です。蜀には、山また山の天険《てんけん》があり、呉にも、三つの大河の要害があります。この両国の利点を生かして、唇歯《しんし》の関係を結べば、すすんでは天下を併呑《へいどん》することもできますし、守っては三国鼎立《ていりつ》の局面を維持できましょう。これは自然の道理といえましょう。しかるに、もし大王が魏に臣従を誓われるならば、魏は必ず大王の入朝と太子の人質を要求するにちがいありません。それを拒否なされれば、それこそ魏は反乱討伐の大儀名分を掲げて、兵を動かすことは必定です。その時は、蜀もまた長江を下り、兵を呉に進めるでありましょう。そうなれば、この江南の天地はもはや大王のものではありますまい」

孫権はこれを聞いて沈黙した。あくまで呉の立場に立って、そこから天下の状況を分析した鄧芝の堂々たる論理は、十分な説得力を持っていた。孫権が沈黙したのは、その肺腑《はいふ》をつかれたからであった。久しく沈黙したのち、孫権はひとこと、

君の言は是《ぜ》(正しい)なり。

ともらし、蜀との友好同盟に踏みきった。

孔明が、鄧芝を使者に選んで呉に派遣したことで、いささか劣勢におかれていた蜀は呉と対等な友好関係を樹立して、あらたに、三国鼎立の局面を確保できたのである。孔明の人物鑑識眼がいかにすぐれていたか、鄧芝の抜擢がそのなによりの証明である。

劉備の死後、孔明が蜀漢の体面を名実ともに維持できたのは、彼の人材登用が有効にしてかつ適確に機能したからである、それによって、孔明は蜀にとって最大の危機を切り抜けることができたのである。

❖王連の南征反対論

劉備が死んで、嗣子劉禅が即位した虚をつくようにして、益州郡、今の雲南《うんなん》省晋寧《しんねい》県あたりの蛮族《ばんぞく》の酋長《しゅうちょう》である雍闓《ようがい》（?～二二五）が、その地方の蜀の太守正昂《せいこう》を殺して、反乱を起こした。雍闓は反乱を起こしたものの、不安を感じ、交州《こうしゅう》、今のベトナムで独立政権を樹立していた士燮《ししょう》を通じて、ひそかに呉の孫権と連絡をとり、支援を求めた。もとより、蜀の内部から攪《かく》乱《らん》を起こすことに、孫権は異存があろうはずがない。雍闓を、永昌《えいしょう》太守に任じ、その後方に支援軍を派遣した。

蜀の孔明としては、ただちに兵を調《ととのえ》て、反乱軍の鎮圧に南下したい気持ちであったが、劉備の死後、国力を充実させるための内政刷新に追われていたし、呉との修好条約を締結して、兵乱に疲れた民心の安定に努めることのほうが、当面の急務であった。しばらくの間、孔明は南征を見合わせることにして、雲関《うんかん》の関所を固く閉ざして、反乱軍の様子をみることにした。蜀漢の章武三年（二二三）四月に劉備が死に、五月に改元がおこなわれて建興元年となったが、その六月に、南方の蛮族が反旗を翻《ひるがえ》したのである。

小説『三国志演義』を見ると、「孔明、兵を起こして、南蛮を征す」のくだりで、孔明の南征に反対する人物として、王連《おうれん》を登場させている。その時、王連は丞相長史の地位にあって、丞相孔明の秘書長、今日でいう内閣官房長官の任務に就いていたが、それまで、司塩校尉の任にあって蜀の塩鉄政策の責任者としてなみなみならぬ手腕を発揮し、蜀の財政の基礎をゆるぎないものとして固めるため、経済建設に奮励努力してきた。

王連といえば、劉備が巴蜀の経営にのりだした当初、当時の益州牧《ぼく》（長官）劉璋《りゅうしょう》の下《もと》にあって、梓潼《しとう》の県令を務めていたが、劉備の攻撃を受けると、梓潼の城門を固く閉ざして、これに抵抗し、劉備から敵ながらあっぱれだと賞賛を受けて、新政権樹立後も劉備・孔明に厚く用いられてきた人物であった。

『三国志演義』では、その王連を登場させ、孔明の南征に反対させている。

時に一人進みでて、無用、無用とよばわりければ、諸人これを見るに、諫議大夫王連、字《あざな》は文儀《ぶんぎ》なり。孔明、いかなる故ぞと問うに、王連、諫《いさ》めて曰く、南蛮は不毛瘴疫《しょうえき》の地なり。丞相は国家の重圧をつかさどって、なんぞ遠く出でて征伐したまう。今雍闓ら謀反すと申せども、たとえば癬疥《せんかい》の病のごとし。捨ておくとも、なにほどのことを仕出《しで》かさん。

只《ただ》一人の大将に命じて、これを討たしめたまえば、おのずから功をなさんと。孔明曰く、南蛮の地は、国を離れること、はなはだ遠くして、みな王化に習わず。これを平らげんこと、はなはだ難《かた》し。われみずから征して、あるいは剛にし、あるいは柔にし、時に応じて計《はかりごと》を用うべし。軽々しく他人に任ずべきところにあらずと。王連、再三、諫むれども、孔明あえて従わず。

南蛮の反乱軍を、疥癬《かんせん》に例えて、なにほどのこともないのに、孔明が丞相の身でありながら、みずから南征するのは賛成できぬと、王連は孔明を諫めたが、孔明はついに聞き入れずに、みずから南征軍を率いて出発したことに、小説『三国志演義』ではなっているのである。

いっぽう、歴史書『三国志』の蜀書に記す王連伝では、

建興元年、屯騎校尉《とんきこうい》を拝し、丞相長史を領し、平陽亭侯《へいようていこう》に封ぜられる。時に南方の諸郡、賓《したが》わず。諸葛亮みずから征せんとす。王連は諫めて、以為《おもえ》らく、「此《こ》れ不毛の地、疫癘《えきれい》の郷なり。宜《よろ》しく一国の望（宰相の身）をもって険を冒して行くべからず」と。亮は諸将の才、己に及ばざるを慮《おもんばか》り、必ず往《い》かんと意欲す。しかるに連の言、すなわち懇至《こんし》なり。故に停留すること、これを久しうす。たまたま連、卒《しゅっ》す。

と記されている。

小説では、王連は諫議大夫となって、もっぱら諫言を職務とする任にあるが、史書によると、丞相長史《じょうしょうちょうし》である。小説のほうは、王連の諫言を聞かず、孔明がみずから指揮をとって南征軍を発することになっているが、史書では、そうはなっていない。孔明は王連の懇切《こんせつ》な諫めを聞き入れて、南征軍をみずから率いて雲南に向けて南下したのは、建興三年（二二五）の春のことであった。その時、王連はすでに病没していた。

孔明が、王連の諫めを聞き入れざるをえなかったのは、蜀漢の財政事情に明るい王連の発言だけに、小説『三国志演義』のようには、いちがいに振りきれなかったのであろう。蜀漢の新政府が成立して以来、王連のような実務官僚の懸命な働きがあって、短期間のうちに財政経済が大幅な発展を見せ、蜀漢の国力増強の基礎固めにいちおうの達成をみるところまできたのである。そこへ、劉備の東征があり、さらにまた孔明の南征である。ふたたび財政の立て直しに腐心せねばならない実務官僚の立場からすれば、南征に真っ向から反対しなければならぬのは、むしろ当然の理であった。

❖孔明、南征に出陣

孔明も、国の財政事情は十分に理解することができた。そこで、三年間は、内外問題で解決せねばならぬ急務にとりくみ、いっぽうでは、南征に必要な莫大な軍資金を調達すべく財政のたてなおしを積極的に推し進めることにしたのである。

孔明は、雲関の関所固めに入るとともに、まずは、常頎《じょうき》を使者に立て、雍闓《ようがい》に招降《しょうこう》を勧めたが、雍闓は、

「上に二王なしと聞いてはいたが、いま天下は三つの朝廷に分かれていて、どれが正統なのか、いっこうに分からぬのに、帰順のしようがないではないか」

と言って、投降を拒絶している。

反乱を起こしてから三年の間、雍闓はじっとしていたわけではない。同じ雲南省建《けん》県で、南蛮王と称せられ、人望のあった孟獲《もうかく》（生没年不詳）を、言葉巧みに味方に引き入れている。「胸先の黒い烏《う》狗《く》三〇〇頭、瑪瑙《めのう》三斗、三丈《じょう》もある断木三〇〇〇枚を、蜀の官府は納入させようとしているが、こんな無理な要求には応じられるものか」という雍闓のでたらめに、孟獲はなんなく乗ってきた。南方の異民族は、支配者の漢民族が要求する貢納品が過重なものであったり、無理難題であったりすることを、最も忌《い》み嫌った。断木とは、堅い質の曲がりくねった木で、高さ二丈以上には達しないのに、三丈の断木を要求されては、無理難題というほかない。蜀の官府が無理難題の貢物を要求してきているという、忌むべき印象を雍闓は孟獲に押しつけることに成功したのである。漢人支配のきつい統制に苦しんできた未開種族の心理を巧妙についた

離間策であった。じつはこの時、雍闓に乗せられたのは、ひとり孟獲だけではなかった。牂牁《そうか》の太守・朱褒《しゅほう》、越嶲《えっすい》の酋長・高定元《こうていげん》も、難なくこの手に乗せられて、雍闓の反乱軍に呼応した。

孔明は、鄧芝《とうし》を使者として派遣し、呉の国と修好条約を結び、後背をつかれる憂いをなくした、蜀漢の建興三年の春、この機をとらえて、南方の不安を取り除くために、ついに南征軍の出発に踏みきった。時に、孔明の片腕ともいえた丞相長史の王連が亡くなっていたので、その後任に、荊州襄陽時代からともに劉備に仕えてきた向朗《しょうろう》をあて、後事を託して南征の途に就いた。

後主劉禅は、孔明に金のまさかり一具、屋蓋《やがい》のある軍用車一台、その前後に羽飾りの車と軍楽隊、儀仗兵《ぎじょうへい》六〇人を賜い、王命を奉じ夷狄《いてき》を征討するにふさわしい礼遇をあたえた。孔明は、馬忠《ばちゅう》・李恢《りかい》・楊儀《ようぎ》らの諸将を従えて出発した。

❖馬謖《ばしょく》の献策

出発に際して、参軍馬謖《ばしょく》（一九〇〜二二八）は、数十里にわたって孔明を見送った。馬謖は孔明が荊州時代から兄弟の契りを結んでいた侍中馬良《ばりょう》の弟で、字を幼常《ようじょう》といい、越嶲《えっすい》太守を経験していたので、雲南の事情にも通じていた。孔明は言った。

「君とはこれまでともに図ってきたが、南征にあたって、なにか気づいていたことがあるなら

馬謖

ば、聞かせてもらいたい」

　馬謖は、これに対して、かねてから意中にあったことを率直に進言した。

「南中の蛮族は、その地遠くかつ険阻《けんそ》なのを頼みとして、久しく服従いたしません。今日これを破っても、明日はまた再び反旗を翻すでしょう。いま丞相は国力を尽くして北伐し、強敵魏にあたろうとしておられます。かの南方の蛮族は、蜀の勢威《せいい》が虚弱だと知れば、謀反《むほん》するのもまた速やかであります。もし、これを全滅させれば、仁者の心にそぐわないし、それとても早急にできることではありません。いったい、用兵の道は、敵の心を攻めるのが上策でありまして、敵の城を攻めるのは下策とされております。どうか、上策をとって、敵の心を攻めるようにしていただきたいものです」

「敵の心を攻めよ」という馬謖の献策に、孔明はおおいに共鳴した。彼もまた、南蛮未開の種族に対して仁者の道をもって戦いに臨むつもりであったからである。

　孔明は、馬忠に命じて牂牁《そうか》郡、現在の貴州《きしゅう》省遵義《じゅんぎ》市の南にいた朱褒の討伐に向かわせ、李恢に命じて益州郡、今の雲南省昆明《こんめい》あたりの蛮族反乱軍の鎮圧にあたらせた。孔明みずからは主力部隊を率いて、宜賓《ぎひん》あたりで、長江を渡り、安上を経て、さらに西して越嶲郡に入っている。

越嶲で孔明軍を迎え撃ったのは、その地の酋長高定元であった。彼は卑水《ひすい》、現在の四川省涼山イ族自治州の東南辺りに土塁を築いて防戦に務めたが、敗北。孔明は高定元を斬って捨てた。その間、南蛮反乱軍どうしの間で内紛が生じて、首謀者の雍闓は、高定元の部下の手で殺害されていた。この内紛を誘ったのは、孔明の知略であった。

牂牁郡に向かった馬忠軍はそこに拠《よ》る朱褒を破り、その地の住民に恩恵を施して、心を攻める戦いを実践したので歓迎された。まっすぐに益州郡へ入り、現在の昆明市あたりまで南下した李恢は、もともと雲南省の蛮族出身の部将であっただけに、南蛮の反乱軍からみれば、いわば裏切り者であった。それだけに苦戦を強《し》いられたが、それでもよく勇戦力争し、少数の兵力でもって、建寧《けんねい》まで前進した。ところが、その先、昆明では、反乱軍に包囲されてしまい、一時は、孔明主力軍との連絡が途絶えるほどの危機にさらされた。李恢はそこで、反乱軍に呼応するようにみせかける奇策に出て、包囲陣を油断させておいてから、そのすきをついて攪乱《かくらん》した。この勝利で李恢の軍は危機を脱出した。

❖七度《たび》捕らえて七度放つ

残る反乱軍は益州郡の滇池《てんち》周辺に集結した孟獲《もうかく》がしきりに雍闓・高定元の残党を集めて、蜀漢軍の進撃を阻む最後の砦にしようと謀議をこらした。孔明は、その年の夏、今の長江上流の金沙《きんさ》に臨んで、孟獲の本陣を突くことになった。濾水《ろすい》は安寧河《あんねいが》、昔の孫水《そんすい》で、その水は長江上流の金沙江に入っている。この水には瘴煙《しょうえん》がたちこめ、それにやられるとたちまち熱病（マラリヤと思われる）にかかるといわれて、恐れられていた。北緯二七度の地点を流れる濾水一帯は、熱帯に近い。

唐代の詩人白居易《はっきょい》（七七二〜八四六）は、『新楽府《しんがふ》』のなかで、「新豊の折臂翁《しんぽうのせっぴおう》」と題する厭《えん》戦詩《せんし》を作って、天宝《てんぽう》年間（七四二〜七五六）、玄宗《げんそう》皇帝（六八五〜七六二）がおこなった雲南征伐の実情をふまえて諷詠《ふうえい》したが、その一節で、濾水のことを次のように歌っている。

聞道《きくなら》く雲南に濾水《ろすい》有り。
椒《しょう》花《が》落つる時　瘴煙《しょうえん》起こる。
大軍徒渉《としょう》するに水は湯の如し、
未だ過ぎざるに十人に二三死すと。
村南村北　哭声哀《こくせいかな》し。
児は爺娘《やじょう》と別れ　夫は妻と別る。
皆云う前後　蛮を征する者、

千万人行きて一つも廻《かえ》る無しと。

この天宝年間の雲南征伐も、「五月万里雲南に行く」とあるので、孔明が南征軍を率いて、濾水を渡河した時期と同じである。蜀軍もたくさんの犠牲者を出したにちがいないが、今にそれを伝える史料はない。孔明は全軍を遠く濾水の岸から退け、瘴煙《しょうえん》にあたらぬようにして、炎暑を避けやすい地を示して各隊を休養させ、濾水の下流にある流沙口あたりが河底も浅く流れも緩やかなので、夜ひそかに、そこから濾水を越えたと、小説『三国志演義』は伝えている。蜀軍が瘴気《しょうき》にやられて多くの犠牲者を出す辛苦《しんく》の行軍をやってのけたのは、禿竜洞《とくりょうどう》に孟獲を伐った時のことで、兵士は瘴気《しょうき》にあてられ、炎暑に渇《かっ》したと『三国志演義』は記しているから、瘴煙は濾水ばかりではなく、このあたりの山にもたちこめていたものとみえる。ただ、長安の東にあった新豊県から徴発されて出発した唐の軍兵が長征の末にたどり着いたのと、蜀の成都からとでは疲労度において比較にならなかったであろう。この濾水を渡って滇池《てんち》の近くまで来て、孔明の主力部隊は牂牁《そうか》から来た馬忠の軍と、昆明まで南下していた李恢《りかい》の軍と合流、いよいよ孟獲の本拠地に近づいていた。孔明は、計画どおり、

「敵将孟獲を生け捕りにせよ」

と命じた。

孟獲　孟獲は七度生け捕られた。図は四度目の場面。

捕らえられた孟獲が孔明の前に引き出されてくると、孟獲に蜀の陣形をくまなく見せて、問いかけた。

「この陣立てはどうか」

「先ほどの戦では、欠点がどこにあったのか、よく分からなかったので敗れた。こうして陣立てを見せてもらったが、この程度なら勝つのはたやすい」

「なるほど、この者を放してやれ」

孔明は笑って孟獲を帰らせた。孟獲は再び衆を集めて戦ったが、また敗れて捕まった。孔明は今度もまた蜀軍の陣形を披露して、孟獲を解き放った。こうして孔明は七度《たび》まで孟獲を捕らえては、解き放った。この間、小説『三国志演義』では、孟獲の妻の祝融《しゅくゆう》が巻毛の愛馬にうちまたがり、朱色の戦衣をまとい、真珠をちりばめた乳あてをつけ、幾ふりかの短剣を背負い、手に一丈あまりの矛《ほこ》を持ち、蜀陣のなかに突っこんでは、縦横無尽に駆け回って、蜀軍の張嶷《ちょうぎょく》・馬忠の二将軍を生け捕る活動を見せている。もともと、祝融とは、古代の火の女王の名であった。それを名乗って炎のように燃えさかりながら、いくどか蜀軍を窮地に追いこむ孟獲の妻の目の覚めるような戦いぶりに、胸をときめかせた小説の読者は、わたしだけではあるまい。

七度生け捕られて、また放たれることになった孟獲は、今度ばかりは、孔明のもとを離れようとはしない。孟獲は孔明に言った。

「あなたは、生まれつき神のような威力を持った方です。南人は二度と背くようなことはいたしますまい」

〈公は天威なり〉と、南蛮王をして言わしめた孔明は、この有名な「七縦七擒《しちしょうしちきん》」の法によって、南蛮の諸族を心服させることができたのである。

❖南征の成果

かくして南征は成功した。秋にはその行政区域を変更し、益州を改めて建寧《けんねい》郡とし、その太守にその地出身の李恢をあてた。また、益州郡と越嶲《えっすい》郡の一部の土地を割いて雲南《うんなん》省を設け、呂凱《りょがい》（生没年不詳）をその太守に任じた。呂凱はもともと永昌太守王伉《おうこう》の家臣であったが、雍《よう》闓《がい》らの反乱に王伉が与《くみ》しなかったのは、この呂凱の進言に従ったからであった。呂凱は南蛮軍の北進に備えて、「平蛮指掌図《へんばんししょうず》」というものを作りあげていた。それには、南蛮各地の地形・気象から、風俗習慣、それに南蛮軍の兵器や戦法に至るまでが、詳細かつ明確に記されていた。南征進発にあたって、孔明はこの呂凱の地図を見て驚嘆し、呂凱をさっそく行軍教授に任じ、これを水先案内の指揮官として南蛮の地に兵を進め、自在に間道を伝って南蛮軍を敗北に追いこむことに成功した。

その功績を高くかった孔明は呂凱を新しい雲南郡太守に任じたのである。もちろん永昌太守の王伉はそのままであった。牂牁郡もほぼもとのままで、馬忠が太守となった。ただその牂牁郡と、もとの益州郡の一部を割いて興古《こうこ》郡を設けるなど、従来の南方行政区画に変化を加えた。それに、巧みに論功行賞を織りこんで、以後の鎮撫《ちんぶ》の便にあてた。

蜀漢の建興三年（二二五）の春から秋にかけて、孔明の南征は終結をみた。孔明が成都に帰還したのは、半年ぶりのことであった。『華陽国志』によると、この時、孔明は、孟獲を御史《ぎょし》中丞《ちゅうじょう》に任じたのをはじめとして、蛮夷《ばんい》の酋長たちをほとんどそのまま蜀漢政府の官吏にとりたて、行政組織のなかに組み込む懐柔策をとり、南夷の出身者の手で治めるようにして、漢人官僚の配置は、必要最小限度にとどめおくようにした。しかもなるべく漢人の軍隊は駐屯させないようにして、南夷の土民を蜀漢の軍籍に入れて、南夷軍を編制した。

壮丁《そうちょう》のなかで勇敢なる者は、蜀漢の兵士として採用し、五部の部隊に配属させて、これを飛軍とよばせた。老弱なる者は、もとのまま酋長の私兵として残して、その采配に任せた。このあたりの孔明のやりかたは、南夷の土民を心服させるに十分であった。当然、漢人側にはこれに反対する意見も出たが、孔明は自説を通した。漢人官僚の支配形態を残存させておけば、土民との間に摩擦《まさつ》を生じ、それを抑えるために、必ず官人の軍隊を駐在させる必要が生じてくる。そうなれば、その兵糧の調達にしても、なかなかに容易ではない。そうした心配をするよりも、はじめから南夷の土民の自治に任せたほうがよい、というのが孔明の腹案であった。そうすれば、兵力と兵糧を運ぶ費用を省くことができるし、南夷の土民の自治能力を養い、心服関係のなかで、蜀漢国の所属意識を強めることができる。このほうが、一挙両得の策だと孔明は考えたのである。

今も雲南省には、「諸葛堰《しょかつえん》」と名づけられた堰《せき》がのこっているように、孔明は雲南の開発にも心を砕いた。雲南の土民が山岳から平地に出て、農桑《のうそう》につとめ、はじめて姓氏を持つようになったと記す『滇載記《てんさいき》』の記事は、真実性がある。『華陽国志』によると、巫《みこ》が神託によってなにごとも決定する原始的信仰が雲南の土民のなかで広くおこなわれていたが、孔明はこれを改めさせるために、図譜《ずふ》を作らせて教育させたという。その図譜には、天地・日月・君長《くんちょう》・城府、さらに土民・牛馬羊の像が描かれていて、それを見ると、君長の存在と自分たちとのかかわり、自然と生産との仕組み、それに付随している租税の観念などが、土民たちに一目で分かるように工夫されていた。孔明はこの図譜でもって、土民の教化開発に役立てたのである。雲南の諸県から、今でも、蜀漢時代の貨幣である「直百五銖《ごしゅ》」銭が出土するという。貨幣を持たなかったこの地方に、蜀漢銭の通貨が出回り、経済流通の便が図られたのも、孔明の智恵から出たものであった。

Ⅲ

北伐と孔明の陣没

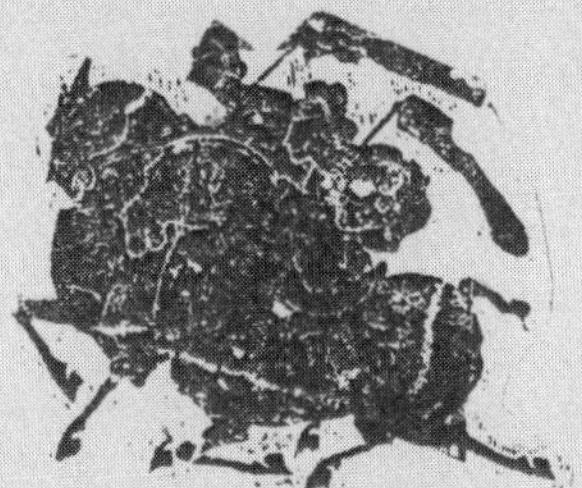

一　巴蜀の地と経済

❖巴蜀の安定と孔明の新たな決意

諸葛孔明の南征は南夷《なんい》の反乱軍を鎮圧して、蜀漢の武力支配の威力をみせつけるだけで終わったのではなかった。南夷の自治体制を確立し、蜀漢の経済組織のなか、蜀漢の軍事組織のなかにも、彼らの積極的な参加を求めて、南夷地方の開発・教化を促進させることに意を注いだのである。この政策はみごとに図にあたった。その証拠に、孔明が死ぬまで、南夷の反乱はどこからも起こらなかったからである。しかも、蜀漢の兵力が充実したばかりではなく、昆明一帯の塩・鉄、永昌方面の金・銅・琥珀《こはく》、筰《さく》地方の戦馬、雲南全域から耕牛・犀革が貢納されるようになり、蜀漢の軍事力・経済力は従来に増して豊かになった。

それればかりではなかった。孔明の南征が成功したことで、東征の失敗で動揺していた巴蜀の人心は確実に安定をみたのである。呉軍に大敗を喫し、蜀主劉備まで喪《うしな》った蜀漢の士気は阻喪《そそう》を免れなかったが、南征の成功は、その自信を回復させることに大きく役立った。

孔明個人についていえば、これまで内政、外交にその知謀を振るってきたが、軍師中郎将の職にありながら、軍事の統師者《とうすいしゃ》として、その手腕を発揮する機会に恵まれなかった。ところが、この南征の成功によって、孔明自身も実戦指令に自信を抱き、蜀漢の人々の信望を一身に集めるようになった。

この時、すでに、諸葛孔明の胸中ではみずから一国の統師者として兵馬を率い、かつて劉備と約束した「天下三分の計」を実現すべく、強敵魏に討って出る北伐に向けてのあらたな戦略構想が準備されつつあったのだ。時に孔明は四五歳、花の生涯にさしかかっていた。

❖孔明の人材登用術

❶杜《と》　微《び》　劉備玄徳が劉璋《りゅうしょう》から政権を奪取して巴蜀全域を平定しても、劉備の新政権のもとに出仕することを拒みつづけた賢者がいた。杜微《とび》（生没年不詳）、字は国輔《こくほ》もそうした賢者の一人であった。彼は梓潼《しとう》郡涪《ふ》県の出身だから、土着の益州人である。若いころ、広漢郡の学者任安《にんあん》から学問を授かっている。学問もあったが、徳行の高い人格者として評価が高かった。旧領主の劉璋もこれを召し出し、従事に任用したが、彼は病気のために官職を離れている。

劉備が旧主に代わって、益州太守となると、杜微はつねに聾《ろう》と称して、門をかたく固く閉ざして、門外に出て人と交わろうとはしなかった。市井のなかにいて、市井と交わらぬ逸民的存在として生きたのである。杜微はおそらく旧主に対する恩義を感じ、二君にまみえることを拒否する態度を貫こうとしたのであろう。かたくなに、その姿勢をくずそうとしない杜微に対して、孔明は畏敬の気持ちをいだいていた。

話は前後するが、蜀の建興二年（二二四）、劉備が白帝城で崩じたあと、宰相に兼ねて益州の全権を委ねられることになった孔明は、さっそく杜微を主簿《しゅぼ》、丞相府の文書を司る秘書官に任命し、自分直属の官吏として迎え入れようとした。それにもかかわらず、杜微は任命を固辞する態度をとりつづけたので、孔明は車を出して彼を迎えにゆかせて接見したが、その場でも杜微ははっきり断っている。

諸葛孔明は、杜微が聾と称しているのを知っていたので、ことばを聞きとることはできないとして、その席上、文章を書いて、任命を受け入れるように要請している。

「あなたの徳行を伝えきき、以前からお慕いしておりました。わたしとあなたとは、濁水と清水が流れを異にするように、生き方を異にしてまいりましたため、いままでお目にかかって、ご意見をうかがうようすがもありませんでした」

このように切り出した孔明は、旧政権に仕えていながら、また新政権に参加した王連《おうれん》、楊洪《ようこう》、李劭《りしょう》といった優秀な人材が、いつも杜微の高遇な志に感嘆していたので、まだ会わぬうちから、旧知のごとく感じていたと語り、〈自分はあなたとともに、後主劉禅を助けて、漢王朝を復興する大義を立派になしとげ、いさおしを史書に記されたいとおもっている〉と述べ、かさねて出仕を促している。

杜微に対して、孔明があくまで丁重であり、謙虚な姿勢で出仕を要請したのは、孔明のなかに逸民《いつみん》を尊敬する心が、龐徳公《ほうとくこう》や司馬徳操《しばとくそう》と荊州で出会って以来、なお持続していたからであり、新政府に杜微のような徳義の士を必要としていたからである。杜微が蜀漢政府の官僚としていかなる働きができるかということは、孔明にとってさしたる問題ではなかった。まして聾と称している杜微である。主簿としての仕事を期待することが無理なことは、百も承知のうえであった。

王連、楊洪などいずれも、蜀漢政権の発足当初より、実務官僚としての手腕を振るい、孔明の信頼を得たばかりでなく、一本筋のとおった硬骨の士であった。その連中がそろいもそろって、杜微の徳義とその高邁な志を褒めちぎっているのである。これこそが、巴蜀における郷党の輿論《よろん》であった。この輿論を孔明は大事にしたのである。

筆談の要請を孔明から受けたとき、杜微は〈自分は老いて病身なので、家で養生したい〉といって、孔明に断り、あくまで初志を貫いている。それでも、孔明はあきらめなかった。

さらに、杜微に文書を書きあたえて「あなたは、ただ徳義によって、時代を補佐してくださるだけで十分であり、あなたに軍事に関する責任は負わせません。どうしてそんなにあわただしくわたしのもとを去ろうとなさるのか」と言って、その文書を結んでいる。

いかに諸葛孔明が杜微に対して敬愛の念を抱いていたかを、これは知らせている。徳義の高い硬骨の士を孔明は登用して、世に表彰しようと考えたのである。そのことが、蜀漢政府を維持していくうえで、精神的な支柱になることを、孔明は知っていたのである。

諸葛孔明は、杜微の出仕拒否の意志があくまでも固いことを知ると、杜微に諫議《かんぎ》大夫という無役の官職をあたえ、その希望をかなえたという。

❷張《ちょう》裔《えい》

諸葛孔明の人事における公正さを、次のようにたたえたものがいた。

「公は恩賞にさいしては、遠くにいる者を忘れることなく、刑罰にさいしては、近くにいるものにおもねらない。封爵《ほうしゃく》は勲功《くんこう》なくして手に入れることができず、刑罰は高い身分や権勢によって免れることができない。これこそ賢者も愚者もすべて、わが身を忘れて努力する理由である」

戦国の末期、項羽《こうう》と劉邦《りゅうほう》が漢楚《かんそ》の戦いでしのぎをけずっていたときに、劉邦の本拠地の漢中にあって、前線にいる劉邦のもとに、食糧・兵力を供給することをかたときも怠らなかった兵《へい》站《たん》司令が、蕭何《しょうか》であった。

この名兵站司令の蕭何に匹敵する役割を、鐘繇《しょうよう》が果たしたという。

許靖《きょせい》が、張裔《ちょうえい》（一六七〜二三〇）を鐘繇にみたてて評価したのは、蕭何の後方支援の能力に匹敵する事務能力を、彼のなかにも認めていたからである。事実、のちに孔明が北征するにあたって、成都にあって留守を守り、兵站補給の責任を任されたのが、張裔であった。

もともと、張裔は巴蜀の旧主劉璋に仕えていた。劉備が劉璋から巴蜀の天地を奪うための戦をはじめて、その都、成都を包囲し開城を迫ったとき、劉璋の使者として劉備の陣営につかわされたのが、張裔であった。張裔は、劉備の前にまかりでると、開城の条件を憶するところなく出している。

第一に主君の劉璋を礼遇すること。第二にその臣下たちの安全を保障すること。この降服の条件を劉備にのませると、成都城に立ち返り、主君を開城にふみきらせている。

劉備は新政権を樹立して、いちはやく巴蜀の地から広く人材を求めているが、開城の際、使者張裔が果たした役割と実力を高く買って、張裔を召し出して巴郡太守に登用している。ついで、劉備は、司金《しきん》忠郎将《ちゅうろうしょう》に抜擢し、農機具や武器の開発と製造にあたらせている。

ところが、そのあとがいけなかった。司金忠郎将から、益州郡の太守となったばかりの張裔に、不幸な事件が待ち受けていた。益州郡は、いまの昆明あたりの蛮地で、蛮族の首領雍闓《ようがい》が、郡役所に乗り込んできて張裔を捕らえると、その身柄をいまのベトナム経由で、かねてから好《よし》みを通じていた呉の孫権に送り届けて、忠誠の証《あかし》とした。

ちなみに、漢代の郡県制でいえば、巴蜀の地を一州として益州とよぶが、その州内の南部に益州という郡が存在していたことになる。のちに、孔明が南蛮反乱軍を征圧したあとのことだが、紛らわしいので、この益州を改めて建寧郡《けんねい》とよばせている。

話は元にもどるが、諸葛孔明は、そうした不幸に見舞われた張裔の身を案じて、終始気にかけていた。

まもなく劉備が呉の東征に失敗して白帝城で死ぬと、孔明は、和平修復交渉のために使者として呉に向かうことになった鄧芝《とうし》に対して、孫権から張裔の身柄をもらい受けて戻るように指示している。

張裔が呉に身柄を送り届けられてから、数年たっていたが、孫権はいまだ彼のことを知らずにいたので、使者の鄧芝に張裔の返還を許可した。

孫権は、帰国する張裔にはじめて引見した。孔明がわざわざ返還を要請してくるくらいだから、相当な人物にちがいない。ひとつ試してみようと、孫権はいきなり尋ねた。

「後家となった蜀の卓《たく》氏の娘は、司馬相如《しょうじょ》と駆け落ちしたが、君の土地の風俗はどうしてそうなるのか」

張裔はすかさず答えた。

「わたくしめが思いますに、卓氏の娘の文君《ぶんくん》は、夫が出世するまで待ちきれず、貧乏に耐えられずに離婚したあの呉の朱買臣《しゅばいしん》の妻よりましでしょう」

さすがに、歴史の故事にくわしい張裔だけあって、負けてはいずに、やりかえした。

孫権は言った。

「君は国に帰ったらきっと蜀に起用されるだろう。いったいこのわしにどのようなお返しをしてくれるかね」

張裔は答えた。

「わたくしめは罪を背負って帰国するわけですが、もし首と胴がつながっていたならば、五〇歳までは父母よりもらった年齢でありますが、それより以降は、大王の賜りものでありましょう」

孫権は機嫌よく談笑して引見を終えたが、孔明がわざわざ頼んできただけあって、張裔を油断のならぬ人物だとみた。このまま蜀に帰しては、呉のためにならぬと考えていたのである。張裔は張裔で、孫権のもとを退出してから、もう少し愚か者のふりをしておけばよかったと後悔したが、後の祭り。即刻船に乗り、ふつうの倍の速力で、昼夜兼行、長江をさかのぼって帰国を急いだ。

果たせるかな、孫権の手の者が追跡に乗りだしてきたが、張裔はすでに白帝城あたりよりももっと奥に入っており、呉蜀の国境線からさらに数十里も進んでいた。

張裔の帰国を喜んだ孔明は、さっそく張裔を参軍に起用している。参軍は、益州府の軍事に参与する参謀役《さんぼうやく》である。さらに孔明は張裔の能力を認めて、益州治中従事の職を兼務させている。益州全体の内政にかかわる文書を草案する行政官である。

その後、彼が射声校尉、宮中の宿衛兵の司令の任に就いたとき、孔明の北伐《ほくばつ》がはじまっている。

孔明はよほど張裔の才能と人柄を信頼していたとみえ、留府長史に任じて成都にのこし、丞相の代行役として自分が出征したあとのすべてを彼に託すことにした。それまで軍事、行政の両面に通じてきた張裔の経験をいかす時が到来したのである。

北伐開始の翌年、つまり蜀の建興六年（二二八）、張裔は、諸葛孔明と事務上の打ち合わせをおこなうために、漢中まで出向いている。

張裔が成都を発ったとき、彼を見送る人々は数百人にのぼり、道路を埋め尽くした。このときの旅の模様を、張裔は親しい人にあてた書簡にこう書きつけている。

「最初、旅をしましたが、日夜来客に接して、休憩する暇もありませんでした。人は丞相長史を尊敬されてのことだろうが、一介の男子にすぎぬ張裔は、そのおつきあいで、疲労のあまり息も絶え絶えでありました」

漢中までの旅の途中のことか、あるいは旅先の漢中でのことか、いまひとつ定かではないが、諧謔《かいぎゃく》のきいたユーモアがあって、張裔という人柄の景色がみえておもしろい。しかも丞相府長史の仕事がいかにたいへんなものであるのか、それを知らせる史料でもある。張裔は、昔なじみをいたわり、落ちぶれた親族の面倒をみて、偉くなっても、そうした配慮を忘れることはなかった。輔漢《ほかん》将軍に昇ったが、留府長史の重責はそのままであった。建興八年（二三〇）に病没した。

この張裔が、「丞相孔明は恩賞にさいしては、遠くにいる者を忘れることはなかった」と、言っているのは、けだしわが身に照らしての実感であったであろう。

張裔は、呉に連れ去られたまま、数年の間、消息を絶っていたのである。見方によっては、益州郡太守の身でありながら、蛮族の長にまんまとお縄にされて、呉に送り届けられた不名誉な人物である。彼自身が、帰国の際に〈罪を背負って帰る身で、首と胴がつながっているのかどうかわからない〉と言っているのは、かならずしも冗談から出たことばではなかったであろう。不名誉な罪を背負った自分が、母国に還ってからどんなふうに処遇されるか、わからないと思っていたのがほんとうのことであろう。

孔明は、張裔の事件を不運であったとみていたが、不名誉とはみずに、むしろあたら優秀な人材が、不幸にも呉の国で埋没してしまうことを惜しんでいたのである。

もし孔明に人材を惜しみ、それをできるかぎり努力して生かそうとする心がけがなければ、張裔は無視されて、異国の片隅で、人知れずその生涯を終えたであろう。

巴蜀における乏しい人材を発見し、それを生かすことに、孔明がどれほど苦心して、配慮していたか、張裔の人事は、事実としてそのことを明らかにしているであろう。

❸**楊《よう》洪《こう》**　孔明は人材を大事にしたが、人材の起用についても、実に慎重であった。張裔を留府長史に任用しようとしたとき、その可否を若いときから張裔と親交のあった楊洪《ようこう》（?～二二八）に尋ねている。楊洪は学問が嫌いであったが、忠義誠実で、身辺まことに清潔な人物であった。

　公事を憂うること、自分の家事を憂うるようであった。


と、史書『三国志』の記事にいう。

そこを見込んで、孔明は楊洪に尋ねたのである。楊洪は率直であった。

「張裔は天性明晰《めいせき》な判断力をもち、激務の処理が得意なので、よくその任に耐えうるでしょう。しかしながら、公平でない面もあるので、向朗《しょうろう》をその下において補佐させたらよいでしょう」

かく進言して孔明のもとを退出した楊洪は、その足で張裔を訪ね、自分が孔明に答えたことを、そのまま伝えたというから、まことに立派である。

この楊洪は、最初、李厳《りげん》の功曹《こうそう》、書記官をつとめていたが、李厳がいまだ犍為《けんい》太守の任にあったあいだに、孔明によって抜擢されて蜀郡太守となった。部下が同列の太守になったのである。また楊洪は門下書佐の何祇《かぎ》の才智に目を付けていたので郡吏に推挙したところ、孔明はその才智を高く買い、数年後に何祇を広漢太守にとりあげている。そのとき、楊洪はいぜんとして蜀郡太守のままであった。

いずれも、丞相孔明の思いきった人材登用によるものであったので、巴蜀の人々はみな、当代の人物の能力をそれぞれに引き出す孔明のすぐれた鑑識眼に脱帽した、と史書は記している。

❹劉《りゅう》巴《は》　劉巴（?～二二二）は、字を子初《ししょ》といい、零陵《れいりょう》郡巫陽《ふよう》の出身であった。いまでいえば、湖南省の永州市の出身ということになる。この人物も、孔明とは遠くはなれていながら、孔明がいつも気にかけ、劉備政権に加わった逸材であった。
『零陵先賢伝』という書物によると、劉巴の祖父は、蒼梧《そうご》太守、父は江夏《こうか》太守をつとめており、高官名門の出身であった。

それに加えて、劉巴は若いときから雄才有りという評判であった。荊州の領主劉表は劉巴の評判を聞いて、幕下《ばっか》に招いたが、劉巴は断っている。ところが、曹操が荊州に進攻して劉表を討つと、劉巴はみずから曹操のもとにおもむき、その副官となった。

劉表父子を荊州に討った余勢をかって、呉に攻め入った曹操は、やがて長江の赤壁の地に呉の水軍を迎えて、火攻めに遇《あ》い、敗北する。曹操は、北方の根拠地に帰還する際、劉巴をその出身地である荊州南部につかわし、将来にそなえての宣撫《せんぶ》工作に従事させている。

ところで、赤壁の戦いののち、曹操が恐れていたとおり、いちはやく荊州南部の三郡、長沙《ちょうさ》、零陵《れいりょう》、桂陽《けいよう》を抑えて、支配下においたのは、呉の孫権と結んで曹操を追い落とした劉備であった。

劉備は、諸葛孔明を荊州南部の臨蒸《りんじょう》に派遣し、三郡からの租税を調達させ、事実上の支配統治にあたらせた。そうした状況下で、劉巴は秘密裡に潜行し、この地方の人々が、曹魏政権に帰順するように呼びかける工作に従事したのである。劉巴が零陵の人で、郷党の声望を背景にしていることを利しての工作であった。

諸葛孔明は、劉巴の帰順工作を知っていた。そのうえで、帰順工作をやめて劉備に協力するように、手紙で説得している。これに対して、劉巴の答えはこうであった。

「危難に遭い、危険をなめましたが、信義に寄せる民衆や自分のほうから申し出て味方になってくれる人々に出会いました。お心に従い、事物の本性に順応して行動するとなると、わが運命が尽きたならば、まさに生命を滄浪《そうろう》に託して、二度とふたたび荊州を見ぬでありましょう」

孔明は、再び劉巴に〈劉備が英雄で徳義においてもすぐれているので、彼に帰服しないものはない。劉備の荊州支配は、理の当然であり、天と人の去就はすでに定まっているのに、君はどこへゆこうとするのか〉と、尋ねている。劉巴は、それに対して、

「曹操殿の命令を受けてきたのですから、帰るのが、当然です」

と答えたが、このままでは、曹操に復命できないとみて、そのまま交趾《こうち》、いまのベトナムにおもむき、張と改姓して暮らしていた。ところが、交趾太守の士燮《ししょう》と意見が合わなかったので、牂牁《そうか》街道を経由して蜀までおもむいている。

どうにか蜀に入ったものの、いまの雲南省の昆明市あたりで、怪しまれて拘留された。このとき太守は劉巴を殺そうとしたが、郡役所の文書係は「尋常の人にあらず」とみて、ひとまず太守をおしとどめて、益州牧の劉璋のもとに送り届けることにした。

劉璋の父の劉焉《りゅうえん》は、若いときに、劉巴の父の劉祥《りゅうしょう》によって孝廉《こうれん》、高等文官試験受験有資格に推挙されたことがあった。このことも劉巴が蜀をめざした理由であったのだ。劉璋は、成都に護送されてきた劉巴を引見して、驚きかつ喜んだ。さっそく自分の側近にとりたてて、重大なことがらについての相談相手とした。当時劉璋は、北方から曹操が巴蜀の地に侵攻してくることを極度に恐れていた。巴蜀の北東に接する漢中地方では、五斗米道《ごとべいどう》教国《きょうこく》をつくりあげた教主の張魯《ちょうろ》が勢力を張り、劉璋に対して何かと反抗的態度に出ていた。

劉璋は、巴蜀の天地を自分だけの力では到底守りきれないと考え、赤壁の戦いのあと、荊州にいる劉備のもとに支援を依頼している。使者にたったのは、法生《ほうせい》である。法生が劉備を迎え入れるために出発することを知った劉巴は、劉璋にこう進言した。

「劉備は英雄です。入国すれば、かならず害をなすでしょう」

劉璋は、これに耳をかさず、劉備を迎え入れ、巴蜀の地の北東部において、漢中の張魯に対して守りを固めた。

「それこそ山林に虎を放つのと同じです」

と、劉巴は再び諫めた。

ところが、この諫言も劉璋には届かなかった。ついに劉巴は門を閉ざして表へはいっさい出ずに、病と称してひきこもった。彼なりの抗議であった。

劉巴の予言は的中した。劉備は巴蜀北東部の守りにつくと、孔明と打ち合わせどおりに、反旗を翻し、成都に軍勢を向けた。劉備は成都城を包囲したとき、劉巴の安否を気づかって、麾《き》下《か》の諸事に命令を伝えている。

「劉巴を殺害する者があれば、三族におよぶまで死刑に処す」

この通達の背後には、孔明がいて、動いていた。劉備が、かねてから劉巴が逸材であることを知っていたのは、孔明から劉巴についての情報をくわしく伝え聞いていたからである。

こうして、劉巴を探しあてると、劉備はたいそう喜んで、召し出している。劉巴が任用されたのは、左将軍西曹掾《せいそうえん》であった。左将軍の肩書を持つ劉備は、自分の側近にとりたて、軍事行政を担当させたのである。

劉巴は気位の高い人物であったとみえ、軍人あがりの将軍、張飛などとは、口をきこうとはしなかった。

中国では、文官の地位は高いが、軍人あがりの者がいくら出世しても、社会的なステータスは低いのが常識である。劉巴の場合、この傾向が著しく顕著であった。

彼に言わせると、

「大丈夫がこの世に生きているからには、当然、英雄と交わるべきであるが、どうして軍人なんかと語り合う必要があろうか」

ということになり、張飛などに対して実に素っ気ない態度であったという。

さてこれは、劉備が成都を陥落させたときのできごとだが、兵士たちはみな武器を放り出して、倉という倉に押し入り、争って宝物を奪い取ってしまったので、劉備の新政権は発足当初、軍事費に不足をきたす始末となった。

これを心配した劉備に向かって、劉巴はこともなげに言った。

「簡単なことです、新貨幣を鋳造して、諸物価を安定させ、役人に命じてお上の管理する市場を立てさせるだけですみますよ」

劉備がこの劉巴の意見に従ったところ、数ヵ月のあいだに、国庫は充実するようになった。劉巴は死ぬまで、その身辺を清潔に保ち、質素な生活にあまんじた。尚書令という、いまでいう文書庁長官にあたる高官に登るが、そうした地位に就いても、田畑を所有することで財産を増やそうとは、いっさいしなかったという。

❖巴蜀の地

孔明が「天下三分の計」を実現するために、荊州とともにぜひとも確保しなければならぬ根拠地と考えた巴蜀の地とは、いったいいかなる土地柄であったのか。

巴蜀とは、今の重慶市を中心とする巴子《はし》国と、これも今の成都市を中心とする蜀王国との合称で、現在の四川省全域がこれにあたる。アジアのアルプスといわれる崑崙《こんろん》山系が、中国の西北部に入って岷山《びんざん》山脈となるが、巴蜀の西北部は、この山脈でもって甘粛《かんしゅく》省・青海《せいかい》を遮り、その東北部は、大巴《だいは》山脈でもって陝西《せんせい》省・湖北省と隔たり、その西部は五〇〇〇キロメートルを越える大雪山によってチベット高原に接し、その南部は鳳山《ほうざん》山脈が走って、雲南《うんなん》・貴州《きしゅう》省との境をなしている。こうして四辺険しい山壁によって囲まれた巴蜀の地は、中国西南端に位置する辺境の地ではあるが、ほぼ五七万平方キロメートルの面積を有するといわれている。

三峡の険しき崖　長江を下る船から2004年に撮影したもの。すでに下流で三峡ダムの建設が進んでおり、水位が相当上がっている。

空路のない時代、この巴蜀盆地に入ろうとすれば、大巴山脈に切り開かれた険しい蜀の桟道《さんどう》を伝って入るか、さもなくば長江をさかのぼって、三峡《さんきょう》の険を渡って入るか、どのみち、この二つのルートしか、その手立てはなかった。いずれのルートをとるにしても、難所につぐ難所であって、巴蜀の地に踏み入ることは、容易なわざでできることではなかった。

現在の湖北省宜昌《ぎしょう》から四川省の重慶までは、ざっと、九二〇キロメートルといわれている。これを長江で遡航《そこう》するとなると、季節や気候の都合で、いっこうに定めがつかず、早くて二〇日、遅れては六〇日の日数を費やさねばならなかった。逆にこれを重慶から宜昌に向けて下航すれば、遡航時ほどの大差はなく、最短で三日、最長で一〇日もみておけば、間違いないといわれている。この時間差からしても、巴蜀に向かう長江の水路がいかに困難をともなうものであったかが、知れるであろう。

長江の水路で最大の難所といわれる三峡とはどこをさすか、古来諸説があって一定していないが、今では、西陵峡《せいりょうきょう》・巫峡《ふきょう》・瞿塘峡《くとうきょう》を合称して三峡とよぶのが普通である。たとえば、巫峡の北岸は巫山《ふざん》山脈の山脚が、そのまま江中に入ったもので、その山脚の形にしたがって、水路が曲がりくねり、険しい難所をなしている。他の二峡の場合も、ほぼ同じ事情でできあがっていた。西陵峡から瞿塘峡に達するまでの両岸は、奇峰怪石がそそりたち、それを削るように江水が奔騰《ほんとう》している。とりわけ雨の多い夏から秋にかけての増水期は、水かさが増すにつれ、流れが激しくなり、そのために舟の舵《かじ》が折れ、その帆柱が傾くこと、しばしばであった。

孔明の時代の事情は、はっきりとつかみにくいが、相当昔から長江を溯航する舟はだいたい幾艘《いくそう》かつないで進む仕組みになっていた。その舟と舟をつなぎ、曳《ひ》きあっていくのに必要な竹《ちく》索《さく》は、竹の幹を細割りにして、網代《あじろ》に組んで索《なわ》のように作ったものである。その長さは六、十尺、太さは径五、六分から一寸余もあり、索身が竹だけに水をはじいた。しかも弾力性があるので、水を撥《は》ね返すのに便利であった。昔から竹索は、曳航《えいこう》には欠くべからざる用具であった。

それでも、難所では、時と場所によってはこの竹索も容赦なく断ち切られた。その時、曳夫は将棋倒しに倒れ、舟は目にもとまらぬ速力で逆走し、不幸にも渦巻く灘に巻き込まれでもすると、木の葉の如く旋転を重ねて、とどのつまりは、岩面に突き当たり、微塵《みじん》に破砕されてしまうしまつであった。

❖蜀道の難《かた》きこと青天に上るよりも難し

唐の大詩人といえば、李白《りはく》・杜甫《とほ》だが、その李白（七〇一～七六二）は巴蜀の地から、この三峡を通過して、荊州の江陵《こうりょう》まで下航した時の経験をもとに、「千里の江陵一日にして還《かえ》る」という名句をのこした。「早《つと》に白帝城を発す」と題する七言絶句の第二句がそれである。

朝《あした》に辞す白帝彩雲の間　　朝辞白帝彩雲間
千里の江陵一日にして還る　　千里江陵一日還
両岸の猿声啼《な》きて住《や》まざるに　　両岸猿聲啼不住
軽舟已《すで》に過ぐ万重《ばんちょう》の山　　輕舟已過萬重山

〔白帝城に、朝焼けの雲のたなびく早朝、別れを告げて、三峡を下ると、千里のかなたに隔たった湖北省江陵県まで、たった一日で着いてしまった。奇峰石の切り立った両岸では、群れをなす猿の鳴き声が絶え間なく続いていた。その鳴き声が切れることなく続いているうちに、わたしを乗せた軽舟は、いくえにも重なった山の間を飛ぶように通り抜けていったものだ。〕

白帝城は重慶市奉節《ほうせつ》県の東一三里にあり、瞿塘峡に臨む切り立った崖の中腹に建った砦である。これを築いたのは、漢の公孫述《こうそんじゅつ》である。巴蜀の地に独立政権をつくり、帝王を名乗った公孫述が、この地にはじめてきたおりに、白竜が井戸から躍りでるという瑞兆《ずいちょう》に出会った。これが白帝城の起源である。

問題の第二句で、李白は「千里」と「一日」とを対応させて長江を下る舟旅のスピード感を出しているが、これは実情にはそぐわない。実際は一日では江陵まで行き着かず、三日は十分かかったという。とすれば、いかにも「白髪三千丈」の詩人らしい誇張を含む詩的表現であるが、軽舟の速さは、鳴きやまぬ猿の声とあいまって、やはり一日という表現でなくてはならないのだ。朝焼けに彩られた美しい雲のかかる白帝城をあとにして、江陵まで一日で下る水路の速さは、逆に長江をさかのぼることの困難を知らせるに十分である。三峡を通って長江から入る巴蜀の地は、なるほど容易には近づくことのできる境界ではなかった。

李白はもともと蜀の出身者であった。唐の猛棨《もうけい》が著した『本事詩』を見ると、「李太白《りたいはく》（李白）は初めて蜀より京師《けいし》に至り、逆旅《げきりょ》（宿屋）に舎《と》まる。賀知章《がちしょう》はその名を聞き、宿に之を訪ぬ。すでにその姿を奇《き》とし、また作りし所の文を請《こ》えば、『蜀道難《しょくどうなん》』を出して、之《これ》に示す。読みて未だ竟《おわ》らざるに、称嘆すること数回、号して謫仙人《たくせんにん》と為す」とある。これによれば、「蜀道難」の詩は、李白がはじめて生まれ故郷をあとにして蜀の桟道を越えて、都長安に出てきた時に作られたことになる。「噫吁嚱（あ　あ）、危ういかな、高いかな、蜀道の難《かた》きこと青天に上《のぼ》るよりも難し」という句で始まる「蜀道難」は、長安から漢中の斜谷《やこく》へ、さらに斜谷から剣《けん》閣山《かくざん》を越えて、蜀の成都に向かう北回りの山道もまた、三峡の険に勝るとも劣らぬ険しさであり、けっして一路坦々というわけにいかない実情を、悲哀をこめて歌いあげたものである。

〔連なる峰と天との隔たりは一尺にも満たない。枯れた松が逆さまにかかって、絶壁の上によりかかっている。激しい早瀬、ほとばしる滝は、すさまじい音響をあげて、互いに争っている。水は崖に音をたててぶちあたり、岩を転がし、数限りない谷々に雷のようにとどろきわたる。蜀道の険しさはこんなありさまだ。ああきみよ、遠くからやって来た旅人よ。なぜきみはここへきたのだ。剣閣山は高く険しい天下の険だ。一人の男がこの関所を守れば、万人が攻めても通ることはできない。この地を守る者が君主の身内でもなければ、狼や山犬のような危険な存在にかわるのだ。人々は、朝に猛虎を避け、夕べには長蛇を避けねばならない。牙を磨き血をすすり、人を殺すことはまるでばっさばっさと麻を刈るようだ。蜀の都の錦城《きんじょう》は楽しいところだといわれるが、早く家に帰るにこしたことはない。蜀への道の困難さは、あの青空に昇るより難しいのだ。かくて私は身をそばだてて、西のかたを望んでは、長い長いため息をつくのだ。」

　ここにあげたのは、「蜀道難」後半部の訳詞にあたるが、全篇、七言を基調として長短ふぞろいの句で構成されている。これは、楽府《がふ》と称する歌謡の様式から出たものであるが、かえってこの奔放自在なリズムは蜀の地に至る桟道の険しさを歌うにふさわしい。しかも詩人はこれを人生行路の険しさ、辛さと重ねてみて人間が生きていくうえで味あわねばならぬ悲哀の底知れぬ深さに迫っている。その意味で、「蜀道の難きこと青天に上るよりも難し」の句は、「蜀道難」の全篇を貫くモチーフの象徴的表現であった。

　事実、蜀へ至る道には、蜀桟《しょくさん》・秦桟《しんさん》と呼ぶ桟道がたちはだかり、危険を窮めていた。桟道は水の架け橋の意味である。難所では側面の絶壁をうがち、それに、鉄や木材をさしこみ、その上に木を組み、板を張って道を作り、かろうじて人馬を通したので、桟道といった。陝西省の沔《べん》（現、勉）県から剣閣山を越え、四川省の梓潼《しとう》に至るまでの山道を、蜀桟というが、大巴《だいは》山脈を越え、嘉陵江《かりょうこう》を横ぎる、この桟道の行程は、延々四四四キロメートルにも及ぶものであった。とりわけ陝西省から四川省に入るまでの秦の桟道は、危険に満ちていた。かろうじて空中に架かっている桟橋を、人馬が通ると、そのたびごとに桟道はまるでつり橋のようにぐらぐらと揺れ動き、人の肝を奪うに十分であった。下を見れば、はるか数百丈のかなたに白い峡谷が口を開けており、ひとたび足を滑らせば、人馬ともに粉微塵に砕けちった。かく北東から蜀へ入る山道もまた険阻を窮めていたし、三峡の険をさかのぼる長江の水路も、これまた命がけであった。じつは、その奥に、「天府の国」と称せられる巴蜀の天地が、静かに悠々と広がっていたのである。

❖四川の名の起こり

巴蜀の地が、のちに四川の名でよばれるようになったのは、宋代あたりからである。岷水《びんすい》（岷江《びんこう》）・濾水《ろすい》（金沙江《きんさこう》）・雒水《かくすい》（沱江《だこう》）・巴水《はすい》（嘉陵江）の四つの川が、巴蜀の地に流れているところから出た、比較的新しい地名であった。巴はいにしえの巴子国で、現在の四川省の東南部がこれにあたる。秦は巴子国を滅ぼして、巴郡となし、はじめて郡県制のなかに組み入れている。蜀は現在の四川省の西北部にあたる地域であるが、いにしえのこの地方で国王となった蚕《さん》叢氏《そうし》の統治下にあったので、蚕《かいこ》の幼虫名である蜀をとって、蜀王国と称したといわれている。

それに、巴蜀の地は、低いところで一〇〇〇メートル、高いところで七〇〇〇メートルから八〇〇〇メートルに達する峨々《がが》たる山岳に四方を囲まれていた。あまりにも山が高く、これに遮られて、太陽の光が射し込むことがめったになかったので、蜀の犬はたまに太陽を見ると驚いて、それに向かって、いっせいに吠えたてたという。これが「蜀犬、日に吠ゆ」の語源であった。しかしながら、これもまた、巴蜀の地があまりに近よりがたい僻地《へきち》にあるところから、一度も実地を踏んだことのない人々が、偏見にとらわれて描いた想像図にすぎなかった。

たとえば、巴蜀の一部をなす成都平原を例にとってみても、そこは標高四〇〇メートル近くの盆地で、広大な沃野が開け、そのなかを河川が縦横に走り、しかも気候温暖ときているので、さまざまな産物に恵まれていた。したがって、巴蜀の地は、「蜀犬、日に吠ゆ」という言葉から醸し出される陰鬱《いんうつ》なイメージとはまるで異なり、明るく、しかも住み心地のよい土地柄であった。今日でも、米の生産高は広東省と一、二を争うありさまで、四川の人口を養って余りあるだけの生産高をあげている。玉蜀黍《とうもろこし》も、蜀黍《しょくしょ》といわれるだけあって、四川省の名産である。平原地方では米を常食としているが、山岳地帯では、玉蜀黍と馬鈴薯《ばれいしょ》を常食にしている。

❖綾錦と塩の産地

蜀が蚕の幼虫の名であるように、四川省における蚕業《ようぎょう》の由来は古く、成都における綾錦を織る手工業は、すでに漢代あたりから発達し、三国時代に入るとかなりの活況を呈していた模様で、三国時代が終息した直後の西晋時代の著名な詩人左思《さし》は「三都の賦《ふ》」のなかで、その光景を、「町内の機《はた》織《お》りの家では、部屋という部屋に織り機がリズミカルに動き、綾錦が鮮やかに織り上がると、江の水ですすぎ、光沢を加えるのだ。巻かれた黄潤《こうじゅん》（細布）の錦は筒を連ねて横たわり、大枚をつんでも、手に届かぬほどの高値である」とえがいている。

米や綾錦の生産と並んで、四川省の台所を豊かに潤したのは、前述のように塩であった。「天府の国」を支えているものは、自然の大地から湧き出るようにとれる豊富な塩であった。巴蜀の塩は四川省だけでなく、湖北省・陝西省など近在の諸省にまで供給できる生産高を誇っており、いまでも四川経済の活力源をなしている。


荊州分割の協定で、六郡を半分ずつ分割することで、四年間の和平を持続することができた呉・蜀であったが、建安二四年（二一九）になって、両国の間にふたたび紛争の火の手があがった。関羽がその火つけ役であった。

劉備と孔明が全力を挙げて巴蜀の経営にあたり、さらに漢中の地を支配下におくために、曹操と争っている間、関羽は荊州総督として、荊州守備の任務を果たした。劉備が巴蜀を占領し、曹操軍を退けて漢中地方を抑えることができたのは、関羽が荊州にあって、背後の安全をしっかりと保障していたからである。その関羽の功績は大きい。

二　「出師の表」と北伐への途

❖李厳に後詰を託す

建興三年（二二五）の秋、雲南を平定した孔明は成都に帰還した。翌建興四年は、魏を討つための北伐の準備に専念し、民政に意を注いで、国力を養うことにつとめた。

劉備の死後、永安（白帝城）にあって、呉の押さえにあたっていた尚書令前将軍の李厳《りげん》（？～二三四）を、孔明が江州、現在の重慶に移したのも、この年のことであった。これは、やがて来る北伐に備え、その後詰《ごづめ》に重慶の地が重要とみて、李厳に後背の援護を任せたのである。

李厳は字を正方《せいほう》といい、荊州南陽県の出身。もとの蜀主劉璋に仕えていたが、劉備の入蜀に際してこれに降り、犍為《けんい》太守、輔漢《ほかん》将軍となる。劉備が白帝城で病に倒れたとき、李厳を成都からよんで尚書令となし、孔明とともに、遺言を託したほどに、劉備の信頼を得ていた。重慶に移った李厳は、内外の軍事を統帥する地位にあって、前駐の永安もそのまま彼の統属下におかれた。孔明はみずから北伐へ出陣するに際して、劉備の遺言どおり、李厳に後事を託したのである。

そのころ、孔明は、李厳について、「事務処理は水が流れるように自然で速く、物事の取捨選択にも滞ることがない。その字《あざな》のごとく方正な性格だ」（「孟達に与える書」）と語っている。かく孔明の信頼もまた厚かった。

その李厳が北征を前にした孔明に、おそらく書状によってのことであろうが、

「あなたは九錫《きゅうしゃく》を受けて王と称されてはいかがでしょう」

と、勧めてきた。九錫とは、手柄のある臣下にとくに天子から賜る九つの品、車馬・衣服・楽器・朱戸《しゅこ》（門を朱塗りにすることができる資格）・納陛《のうへい》（朝殿へ昇ることができる中陛以上の資格）・虎賁《こほん》（儀仗兵《ぎじょうへい》）・弓矢・斧鉞《ふえつ》（おの・まさかり）・秬鬯《きょちょう》（黒きびと香りのある鬯草《においぐさ》とを合わせて作った酒）をいう。これを特典としていただいておいて、王と称するのは、天子になるために、地位を一段上に昇ることを意味していた。

李厳は、劉備が「わが子に天子の才なければ、君が蜀の国を取れ」と、孔明に遺言したことを知ってのことだが、これは、孔明が天子になることを、明らかに勧めたものであり、見かたによっては、李厳が、北伐にあたって莫大な兵馬を動かす孔明の心中に探りをいれたと、とれないこともない。

これに対して、孔明の答えはこうであった。

わたしとあなたとは長いつきあいなのに、あなたはわたしをいっこうに分かっていないようです。あなたは国威をあらわすために、こだわってはいけないと言われるので、黙ってはおられなくなりました。もともとわたしは、東方の身分卑しき者でしたが、間違って先帝に用いられ、位人臣《くらいじんしん》を極め、俸禄《ほうろく》百億を賜る身分となりましたが、賊を討っていまだ効果があがっていませんし、先帝の知己の恩にも報いることができないでいます。それなのに、斉《せい》の桓公《かんこう》、晋《しん》の文公《ぶんこう》のように寵遇《ちょうぐう》を望み、みずからを貴く偉大ならしめるのは、正しいことではありません。もし魏を滅ぼして、魏の明帝曹叡《めいていそうえい》を斬り、帝（劉禅）が故都洛陽に帰られてのち、諸君たちと並んで高官に昇る日があれば、九錫といわず、たとえ十命（最高の位）であってもお受けいたしましょう。

おそらく、この返書をもらって、李厳は返す言葉もなかったのであろう。

建興五年三月、孔明は、中書令の陳震《ちんしん》、丞相長史の張裔《ちょうえい》、参軍の蔣琬《しょうえん》を成都にとどめ、孔明不在中の国務の処理にあたらせ、向寵《しょうちょう》を留守部隊の総務に任じた。孔明は趙雲《ちょううん》・魏延《ぎえん》・呉壱《ごいつ》・鄧芝《とうし》・向朗《しょうろう》・楊儀《ようぎ》らの諸将をともない、北伐の途に就き、兵数五万とともに発進した。

❖可能性に賭けた北伐

このあとで読むことにする「出師の表」で、孔明は魏を討つには、兵三万もあれば足ると語っているが、蜀漢の徴兵能力からいえば、五万が精一杯の動員数であった。これに対して、魏は蜀の北伐軍を迎え撃つために、先発部隊として二〇万、後続部隊として三〇万の兵を司馬《しば》仲達《ちゅうたつ》に委ねている。これと比較してみただけでも、蜀漢の北伐軍五万という数は、圧倒的に少なかった。

三国時代、魏は九州（冀《き》・兗《えん》・青《せい》・井《せい》・徐《じょ》・予《よ》・司・雍《よう》・涼《りょう》）を支配し、総戸数約六六万戸、人口にして四四三万人を数えた。呉は三州（揚《よう》・荊《けい》・広《こう》）、総戸数約五二万戸、二三〇万人といわれた。これに対して、蜀漢はわずかに一州（益《えき》）のみで総戸数約三八万戸、九四万の人口にすぎなかった。人口でいえば、蜀のそれは魏の四分の一であった。兵の調達と動員力は、この人口と関係していた。蜀漢では益州の各郡に命令して壮丁《そうちょう》を徴発しても、なかなか集まらなかった。『三国志』蜀書の呂乂伝《りょがいでん》を見ると、「丞相諸葛亮は連年軍を出し、諸郡に調発するも、多く相救えず。乂は募りて兵五千人を取りて亮に詣でる。慰喩《いゆ》検制して逃竄《とうざん》する者無し」とあるが、これは呂乂に対する信頼が民衆の側にあったから、五〇〇〇の兵が集まったのである。それでも逃亡兵が出なかったのは、彼の慰喩検制があったからだという。これは裏を返せば、徴発された兵士のなかから、かなりの逃亡兵、脱走兵が出ていたことを、伝えているであろう。

この兵員の不足に輪をかけたのが、蜀には実戦経験の豊富な部将が欠けていたことである。関羽・張飛といった一騎当千の豪傑が時を同じくして身罷《みまか》って以来、黄忠《こうちゅう》・馬超《ばちょう》といった名将もすでにこの世になかった。千軍万馬の老将といえば、趙雲《ちょううん》が健在であっただけである。

財政的な面からみても、南征後、南夷から官賦《かんぷ》をとりたて、金銀・塩鉄・耕牛・犀革・善戦馬などを貢納させて、たしかに以前よりは豊かになったものの、呉の征討に続く南征、さらに魏に向けての北伐と続けざまに、莫大な戦費を賄《まかな》っていかねばならぬ一州支配の蜀の台所は、まことに厳しい状態におかれていた。

兵力や経済力を考えれば、弱小の蜀漢が強大な魏に立ち向かっていくことがいかに無理なことか、事態は明白である。にもかかわらず、その無理を押し切ってまで孔明はなぜに北伐に向かわねばならないのか。貧国の資力を集め、少ない兵力を率い、中原に駒を進めて、あえて強大を誇る魏と雌雄《しゆう》を決しなければならないのか。これはたしかに常識的判断からは不可能を可能にする行動も智恵も出てこないことだけは、またたしかである。常識の枠に閉ざされた認識と判断からは、創造的な活力は生まれてこない。

優劣・強弱にとらわれていれば、弱肉強食の論理しかうまれてこない。蜀は一州の力をいかに結集しても、九州にまたがる魏に勝てるわけがない。この常識的判断に屈しないで、むしろ積極的にそれにあらがっていくところに孔明の思想的態度があった。弱肉強食の論理を拒否して、その逆転をねらうところに孔明の生の哲学があった。

常識的判断にたてば、蜀は北伐などやめてしばし国内の安定を図るべきであるという考えにいきつくだろう。そうなれば、蜀の一時的な安定は確保されるであろう。たしかに蜀の国力は上回って充実していくであろう。それでも蜀の一時的な安定で、魏を淩駕《りょうが》するだけの国力は、よほどのことがないかぎり、養うことは不可能に近い。とすれば、いつかは弱肉強食の論理のなかに、蜀は巻き込まれてしまうことも必定である。座して強者の餌食《えじき》となるよりも、魏に乗ずるすきがすこしでもあれば、可能性に賭けて魏と戦うにこしたことはない。孔明はその可能性に賭けたのだ。

❖劉備の大志と「出師の表」

蜀漢の建興四年、魏の黄初《こうしょ》七年（二二六）夏五月、魏の文帝・曹丕《そうひ》が死んだ。その子の曹叡《そうえい》がただちに即位した。第三代の明帝《めいてい》である。これが、魏のすきに乗じて蜀が攻撃をかけるきっかけとなった。

「天下三分の計」は、魏・呉・蜀が三国鼎立《ていりつ》のかたちで存立し、互いに牽制《けんせい》しながら、より安定した平和的な状況をつくりだすことが第一であるが、終局の目的は、その第一の状況を踏

「出師の表」 宋代の英雄・岳飛《がくひ》の書と伝わる武侯祠の石碑。ユニフォトプレス提供。拓本はその冒頭の部分。

まえて、呉と提携を図りながら、中原の地の覇者魏を討って、漢の国家を復興することにあった。その「天下三分の計」の第一の状況は、曲がりなりにも達成できた。不幸にして荊州を失い、孔明が考えていた中原進出のための格好の前線基地をもぎ取られたが、亡き劉備とともに築きあげた巴蜀の国はなお厳然として存続している。劉備は、中原の地に漢の国家を復興するためならば、わが子に代わって国を取り、わが大志を達成せよとまで言って、死んでいった。劉備の大志は同時に孔明の志であった。

孔明は、みずから蜀漢軍を率いて北伐に進発するに際して、上表文「出師《すいし》の表《ひょう》」を後主劉禅《りゅうぜん》に奉った。今に千古の名文と称せられる「出師の表」の全文をここに掲げ、その詳細を見ることにする。

臣亮言う。先帝業を創《はじ》めて、未だ半ばならずして、中道にして崩殂《ほうそ》したまえり。今天下は三分し、益州は罷《ひ》弊《へい》せり。此《こ》れ誠に危急存亡の秋《とき》なり。

〔臣諸葛孔明申し上げます。先帝劉備様は漢室復興の大事業をお始めになり、その達成半ばにして亡くなられました。いま、天下は蜀・魏・呉の三つに分かれ、蜀の地、益州は物資にも人材にも乏しく疲弊しております。まことに危急存亡の時であります。〕

然れども、侍衛《じえい》の臣は内に懈《おこた》らず、忠志の士の身を外に忘るる者、蓋《けだ》し先帝の殊遇《しゅぐう》を追い、之を陛下に報いんと欲すればなり。誠に宜《よろ》しく聖聴《せいちょう》を開張し、以《もっ》て先帝の遺徳を光《かがや》かし、志士の気を恢弘《かいこう》すべし。宜しく妄《みだ》りに自ら菲薄《ひはく》し、喩《たとえ》を引き義を失い、以て忠諫《ちゅうかん》の路を塞《ふさ》ぐべからず。

〔しかしながら、天子のおそばに務める官吏たちが朝廷の中で怠らずに務め、忠義の志を持つ武人たちが朝廷の外で一身を顧みず戦っているのは、先帝から手厚い処遇をうけたご恩を慕い、陛下《へいか》にお報いしようと思っているからです。どうか陛下は広く臣下たちの意見に耳を傾けられて、先帝の遺徳を大きくなされ、志士の気持ちがはればれと広くなるようになされねばなりません。みだりにご自分をおとしめたり、道理に合わぬたとえを引かれ

て、真心から申し上げている臣下の諫言《かんげん》の道をおふさぎなされてはいけません。〕

宮中、府中は倶《とも》に一体と為《な》り、臧否《ぞうひ》を陟罰《ちょくばつ》するに、宜しく異同あるべからず。若《も》し奸《かん》を作《な》し科《とが》を犯し、及び忠善を為す者有らば、宜しく有司《ゆうし》に付して、其の刑賞を論じ、以て陛下平明の理を昭《あき》らかにすべし。宜しく偏私《へんし》して、内外をして法を異《こと》にせしむべからず。

〔内政を担当する宮中と、軍事の中枢《ちゅうすう》である府中とは一体となり、善を賞し、悪を罰することで、違いがあってはなりません。もし悪いことをしたり、罪過を犯したり、また忠善の行いをなす者があったならば、役人にお申しつけあって、悪人を刑罰に処し、善人を賞《しょう》揚《よう》して、陛下の公平明解な道理をお示しください。えこひいきをなされて、宮中と府中で法の適用が異なっていけません。〕

侍中、侍郎の郭攸之《かくゆうし》、費禕《ひい》、董允《とういん》等は、此《こ》れ皆良実にして、志慮《しりょ》忠純なり。是《これ》を以て先帝簡抜《かんばつ》して、以て陛下に遺《のこ》せり。愚以為《おもえ》らく、宮中の事は、事の大小と無く、悉《ことごと》く以て之に咨《はか》り、然《しか》る後に施行せば、必ず能《よ》く闕漏《けつろう》を裨補《ひほ》し、宏益《こうえき》する所有らんと。

〔侍中の郭攸之、費禕、侍郎の董允はいずれも真心のある忠誠純一な人物です。ですから先帝は彼らをえり抜いて、陛下にのこされたのです。愚考いたしまするに、宮中の事は、事の大小となく、ことごとくこれらの臣下にご相談になって、そのあとで実行に移されれば、必ず不備不足を補い、広くご成道のお役に立つでしょう。〕

将軍向寵《しょうちょう》は性行淑均《しゅくきん》にして、軍事に暁暢《ぎょうちょう》す。昔日に試用せられ、先帝之を称して能《のう》と曰《のたま》える。是を以て衆議して寵を挙げて督と為す。愚以為らく、営中の事は悉《ことごと》く以て之に咨《はか》れば、必ずや能《よ》く行陣をして和睦《わぼく》せしめ、優劣をして所を得せしめんと。

〔将軍の向寵は、性質がよく、行為が公平で、しかも軍事に精通しております。昔、先帝劉備様が試みに彼をお用いになり、「よくできる男だ」とお褒《ほ》めになりました。そこで、衆議の結果、彼が推挙されて、軍の司令長官となりました。愚考いたしまするに、軍事のことはなにごとにつけ向寵にご相談になれば、きっと、軍隊を協調させ、それぞれの能力に応じた適宜な任務につかせることができるでしょう。〕

賢臣に親しみ、小人《しょうじん》を遠ざくるは、此れ先漢の興隆せし所以《ゆえん》なり。小人に親しみ、賢臣を遠ざけしは、此れ後漢の傾頽《けいたい》せし所以なり。先帝在《いま》せし時、毎《つね》に臣と此の事を論じ、未だ嘗《かつ》て桓《かん》・霊《れい》に嘆息痛恨《つうこん》せずんばあらざりき。侍中・尚書・長史・参軍、此れ悉《ことごと》く貞亮《ていりょう》にして死節《しせつ》の臣なり。願わくば陛下之に親しみ、之を信ぜよ。則ち漢室の隆《さかん》なること、日を計りて待つべきなり。

〔賢臣に親しんでつまらぬ人物を遠ざけたこと、これが前漢の興隆した理由であります。つまらぬ人物に親しんで賢者をとおざけたこと、これが後漢の滅亡した理由であります。先帝はご存命のとき、いつも私とこのことを議論なさって、後漢の滅亡を招いた桓帝・霊帝について嘆息され、痛憤なさらぬこととてありませんでした。侍中の郭攸之・費禕、尚書の陳震《ちんしん》、長史の張裔、参軍の蔣琬はいずれも貞節があり、節義に殉ずることのできる臣下ばかりです。どうか陛下はこの者たちとお親しみになり、この者たちに全幅の信頼をお寄せなさいませ。そうすれば、蜀漢の王室が興隆するのは、時間の問題となるでしょう。〕

臣は本《もと》布衣《ふい》、躬《みずか》ら南陽に耕し、苟《いやしく》も性命を乱世に全うせんとして、聞達《ぶんたつ》を諸侯に求めず。先帝は臣の卑鄙《ひひ》なるを以ってせず、猥《みだ》りに自ら枉屈《おうくつ》し、臣を草廬《そうろ》の中に三顧《さんこ》して、臣に諮《はか》るに当世の事を以てす。是《これ》に由《よ》りて感激し、遂に先帝に許すに駆馳《くち》を以てす。後、傾覆《けいふく》に値《あ》い、任を敗軍の際に受け、命《めい》を危難の間《かん》に奉じてより、爾来《じらい》二十有一年なり。先帝は臣の謹慎なるを知る。故に崩ずるに臨《かんが》みて、臣に寄するに大事を以てす。命を受けて以来、夙夜憂歎《しゅくやゆうたん》し、託付《たくふ》の効あらずして、以て先帝の明《めい》を傷《そこな》わんことを恐る。

〔臣は元はといえば一介《いっかい》の平民にすぎません。みずから南陽で耕して暮しを立て、ただこの乱世のなかで生命を全うできさえすればよいと願い、諸侯に仕えて、名を表そうとは考えてはおりませんでした。先帝は、わたくしめを卑しい身分の者とおぼしめされずに、わざわざ駕《が》を枉《ま》げて、三度までもわたくしの草屋をお訪ねになり、この乱世をどう処していくべきかとお尋ねになりました。わたくしは、そのことに感激し、ついに、先帝のために奔走する覚悟を固めたのであります。のちに荊州で曹操に敗れたとき、命を奉じて呉に使いしましたが、あの時から数えてはや二一年にもなります。先帝は、わたくしの慎み深いのを知っておられました。ですから、ご臨終に際して、わたくしに国家の大事を託されたのであります。わたくしは先帝の遺詔《いしょう》を受けて以来、昼となく夜となく心の安まる日とてありませんでした。なぜなら、もし付託にこたえるだけの成果が上がらずに、先帝のご明察を傷つけることになりはしないかと恐れたからであります。〕

故に五月濾《ろ》を渡り、深く不毛に入れり。今、南方已《すで》に定まり、兵甲已に足《た》る。当《まさ》に三軍を奨率《しょうそつ》し、北のかた中原を定むべし。庶《こいねが》わくば駑鈍《どでん》を竭《つく》し、奸凶《かんきょう》を攘除《じょうじょ》し、漢室を興復して、旧都に還《かえ》らしめん。此れ臣が先帝に報いて、陛下に忠なる所以の職分なり。

［そこでまず、去る五月、濾水を渡って深く南方不毛の地に入り、いまそこを平定いたしました。しかも北伐のための兵と武器の準備も完了いたしました。いまこそ、三軍を率いて、北に向かい中原を平定すべき時です。愚鈍なわたくしのすべてを尽くして奸賊《かんぞく》を打ち払い、漢の王室を再興し、陛下を旧都洛陽《らくよう》にお返しするつもりです。これこそわたくしが先帝のご恩に報い奉り、また陛下に忠を尽くす務めでございます。］

損益を斟酌《しんしゃく》し、進んで忠言を尽くすに至っては、則ち攸之《ゆうし》・褘《い》・允《いん》の任なり。願わくば、陛下は臣に託するに、討賊、興復の効を以てせよ。効あらずんば、則ち臣の罪を治め、以て先帝の霊に告げよ。若し興徳の言なくんば、則ち攸之・褘・允等の咎《とが》を責め、以て其の慢を彰《あら》わせ。陛下亦《ま》た宜しく自ら謀《はか》りて以て善道を咨諏《ししゅ》し、雅言を察納《さつのう》し、深く先帝の遺詔を追うべし。臣は恩を受くるの感激に勝《た》えず。今遠く離るるに当たり、表に臨んで涕《てい》泣《きゅう》して、言う所を知らず。

〔国家の損益を勘案して、陛下に適切な忠告を申し上げるのは、郭攸之・費禕・董允らの職責でありますので、どうかわたくしめには、賊を討伐し漢室を再興する任務を完遂させてください。もしその責任が果たせなければ、わたくしの罪を責めて、先帝のご霊前にお告げください。またもし興徳の忠言に手抜かりがあれば、郭攸之・費禕・董允らの過失を責めて、その怠慢を明らかにしなければなりません。陛下におかせられましても、なにとぞ臣下に正しい道をお尋ねになり、正しい言葉をお聞き入れくださり、深く先帝の遺詔を実現なさいますようにお願い申し上げます。わたくしはこれまで先帝と陛下の高恩に浴し、恐懼《きょうく》感激に堪えません。これから遠く陛下のもとを離れるにあたって、この一文をしたためましたが、涙を流すばかりで、申し上げることも十分に言葉にならぬありさまでございます。〕

この「出師の表」は、漢字数にして六七〇字からなる文章であるが、その行間に、孔明の真情があふれ出ている名文である。

「表」とは、中国の文体の一つで、事の筋道を明白にして、天子に告げる際に用いる文の様式のことである。上古から秦漢時代まで、君主に献上する文を全部「上書」といったが、漢から三国時代になると、天子に献上する文を「表」といい、皇太子以下には「啓」を使用して、区別することになる。「出師の表」は、臣下である孔明が、蜀漢の天子劉禅に、北伐を起こした筋道を明白にし、天子としてあるべき道を申し上げたものであった。

古来、あまたの将帥が兵を率いて出陣した。彼らのなかには、それに臨んで、おのれの心中ひそかに期するところを語ったものも少なくないが、孔明の「出師の表」ほどに人口に膾炙《かいしゃ》した文章はそうざらにあるものではない。その理由はほかでもない。出色の名文だからである。「表」という文の様式からいえば、天子にさしあげるものだから、どうしても重々しく美麗な表現をとるのが、常識となっている。「出師の表」は、その常識を破っている。その常識の枠にはまっていない。それほどに、孔明の率直な心情が切々と語られているのだ。「表」という様式のなかで、それにふさわしい造形の工夫を凝らすことに、はじめから孔明の意識は働いていない。もしかすると、北伐に出たまま、自分は生きて帰れないかも知れないという切迫した気持ちが意識を支配しており、いま、ぜひとも、天子劉禅に伝えておかねばならぬという切実な危機意識が先行して、造形の工夫ははじめから無視されていた。それが、「出師の表」をして名文たらしめている理由であろう。

劉備が「三顧の礼」によって孔明を迎えて以来、臨終の際に孔明の謹直を知って遺詔を託するまでの二人のかかわりを述べているところがあるが、これも私的な人間の交情史を振り返り、自分の存在価値を押し出すことに目的意識がはたらいてはいない。それは、私的な人間のかかわりを通して成立した君臣の信頼関係がいかに政治をするうえに大事であるかを、劉備の子の劉禅に伝えようとする意識に収斂《しゅうれん》されていて、一片の私心ものぞいていない。

すべては、蜀漢の国家がいかにしたら興隆に向かうかという憂国の情一点に焦点は絞られている。そこが読者の胸を打つのである。孔明はまるで死に臨む父親のように、事細かに為政者としてあるべき正しい姿を説き、信頼すべき臣下の名を具体的に挙げて、かれらの言辞に耳を傾けるようにと諭《さと》している。

劉備の遺詔を守って、鞠躬如《きっきゅうじょ》として蜀漢のために尽力してきた孔明の生きざまと、国を後にして出陣する孔明の心配が、子を諭す慈父のごとき情を誘発させたのであろう。それだけに、孔明の語り口は平明懇切であった。

宋代の文豪《ぶんごう》で、「赤壁の賦《ふ》」でもって名高い蘇東坡《そとうば》は、「諸葛孔明はみずから文章家として名乗りはしないが、人々の知識を開いて、興国の事業を達成せんとする姿勢、名と実の一致を追求する意向がおのずからその言語表現にあらわれている。『出師の表』についていえば、簡潔にして要を尽くしており、率直であるが、恣意的《しいてき》でない。まことに優れた文章である」(「楽全先生文章の叙」)とたたえている。ここで、蘇東坡が、「名と実の一致を追求する意向がおのずからその言語表現にあらわれている」というのは、いかなる意味か。いうまでもなく、名とは、漢室の血筋を引く蜀の劉禅を、漢の国都洛陽に還し、漢室の再興を図るという名分論である。実とは、その名分を実践に移すための具体的な施策である。「出師の表」は、その名と実を一致させ、現実のものとせんとする意欲に燃える孔明の切々たる憂国の情があふれていて、美しくさえある。

孔明の思想的態度は、ここでも一貫して変わっていない。後漢末の「清流」派知識人が、宦《かん》官《がん》などの「濁流」にあらがって死力を尽くしたように、孔明は、魏の曹氏を漢室を簒奪《さんだつ》した奸《かん》賊《ぞく》とみなし、この「濁流」に、あえて小国蜀漢の命運を賭けて挑戦しようとしたのである。「出師の表」にあるごとく、孔明は、長史張裔、参軍の蔣琬に丞相府の事務を託して成都にとどめ、黄門侍郎の董允の剛直を買って、侍中に新任して宮中のことを統《す》べさせ、後主が女官を増やしたり、宦官を近づけないように注意させた。かくして諸葛孔明は、この「出師の表」を劉禅に捧げて、劉備とその生前に交わした約束「天下三分の計」を実現すべく、勇躍北伐の壮《そう》途《と》に就いた。

❖北伐の開始と魏の将軍孟達《もうたつ》

諸葛孔明はみずから蜀軍の総大将となって北伐の指揮をとり、百戦練磨の宿将、趙雲・魏延、さらに参謀格に鄧芝・向朗・楊儀らの部将を従え、六、七万の兵を率い、剣閣の険を越えて、現在の陝西省の西南部にあたる漢中地方に入り、魏の国境にほど近い漢水の上流域の北、陽平《ようへい》関《かん》の白馬山《はくばさん》に本陣を構えた。これから険しい秦嶺《しんれい》の桟道《さんどう》を越えれば、その向こうは魏の本拠といえる関中地方まで、ひとまたぎといった地点である。さらにそこから漢水を東南に下ると、荊州の中心地襄陽《じょうよう》に出ることができる。孔明が劉備と「天下三分の計」を謀って、その幕下に馳せ参じた懐かしい場所である。

この陽平関と襄陽を結ぶ漢水のほぼ中間地点を東南に下ったところに上庸《じょうよう》という城がある。現在の湖北省の房《ぼう》県のあたりであるが、ここを守っていたのが、魏の将軍孟達《もうたつ》（?～二二八）である。孟達はもともと、劉備の輩下であった。関羽が荊州守護職の任にあったとき、魏の樊《はん》城《じょう》を包囲して、おりからの大雨を利用して水攻めにしたことがある。その時、蜀軍の一支隊は漢水の中流地帯で作戦行動に従事していた。これが宜都《ぎと》将軍孟達の率いる一隊であった。ところが、樊城陥落を目前にしながら、関羽は呉の孫権にその後背を突かれて殺害される不幸に見舞われた。かくして荊州の蜀軍が壊滅状態に陥ってしまい、孟達は完全に孤立したので、やむなく魏に投降した。これで上庸・西城の諸県は魏の領有に帰することになり、魏の文帝・曹丕は、ここにあらたに新城郡をおき、孟達を信頼して、そのまま太守に任命した。以来、孟達将軍は新城郡府の所在地上庸の城で、魏の守りを固めてきた。

しかし、魏の文帝が死ぬと、孟達は果たして魏が自分を文帝同様に信頼してくれるかどうか不安を抱き、できることなら、蜀に復帰したいと考えるようになっていた。おりしも、旧知の孔明の北伐である。この機会を逃してはと、孟達は、ひそかに孔明に玉玦《ぎょくけつ》（玉環）と織成の障扇《しょうせん》（つづれ錦で織りなした長柄の扇）、それに蘇合香《そごうこう》（西域産の植物性の香料）を送った。それは、事すでに決した（玦）、謀すでに成る（成）、事すでに合すという意味を、それに託した贈り物であった。孔明はこの孟達の寝返りに、北伐の大きな成算を賭けていた。孔明が陽平関の白馬山に進駐したまま、春を待ったのは、孟達の呼応を成算に入れていたからであった。

❖司馬仲達の急襲

いっぽう、蜀軍北伐の知らせを受けて、魏は驚き慌《あわ》てた。劉備の死後、凡庸《ぼんよう》な後主劉禅が治める蜀は放っておいても、自然に消滅していくであろうと高をくくり、警戒を怠っていた。そこへ突然に蜀の大軍が出撃してきたのだ。慌てたのは当然であった。魏の明帝《めいてい》はただちに大軍を発して、これを迎え撃とうとしたが、

「蜀軍は険しい蜀の桟道を背景にしているので、これを攻めたとしても、多大の兵員と糧秣《りょうまつ》を消耗するだけである。今は、蜀軍の兵站《へいたん》路線が延びて、疲労の色が出るまで、待ちの姿勢で臨むべきである」

と説いた中書令の孫資《そんし》の意見を入れて、国境の守備固めに力を注ぎ、あえて打って出ることはしなかった。

　上庸の孟達は、孔明に寝返りの合図を送ったものの、まだどちらにつくべきか、迷っていた。孔明は孟達の決断を促す非常手段をとって、孟達に謀反の動きがあることを、逆に魏に漏らした。ところが、その時、宛《えん》、現在の河南《かなん》省の南陽にいて、荊州全域の魏の責任者として、呉ににらみを利《き》かせていた驃騎《ひょうき》将軍の司馬仲達《ちゅうたつ》（司馬懿）は、孟達謀反の動きを知って、まず時を稼ぐために孟達に親書を送り、懸命に謀反を引き止めた。これでまた孟達が、ずるずると寝返りの決行を先に延ばしている間に、司馬仲達は隠密のうちに、孟達討伐軍を進発させた。その時、部将たちは、

「孟達は、呉と蜀と連携しております。しばらく形勢を観望してからにされては」

と進言したが、司馬仲達は、

「孟達は信義のかけらもない男、いま彼はどっちにつこうかと迷っている。態度を固める前に断固始末しなければならん」

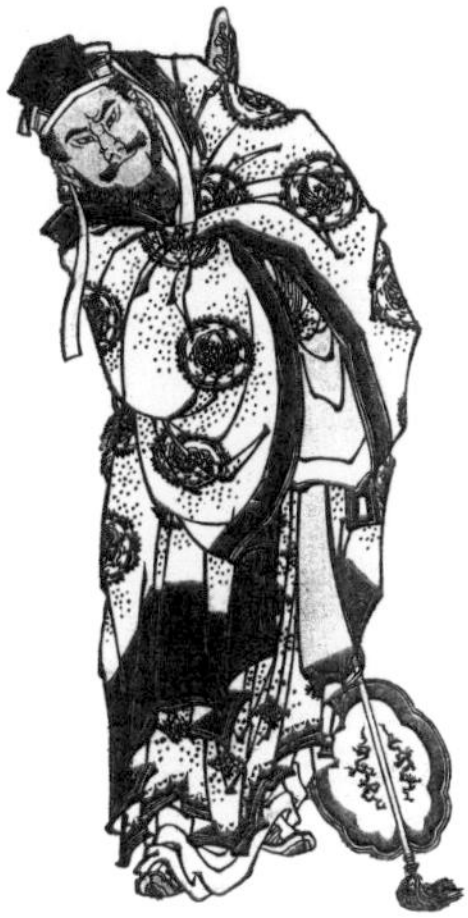

司馬仲達

と、きっぱり部将たちの意見を退けた。

　しかも、司馬仲達は、魏の都洛陽と連絡をとっていては機会を失するとみてとり、直接、宛から孟達のいる上庸まで、昼夜兼行で進撃し、わずか八日間で到着した。

　上庸は、現在の湖北省を南に、陝西省を北に、四川省

を西に、河南省を東にした四省の境界に位置し、戦略基地としては、この上ない重要な意義を持つ拠点であっただけに、これを失うとなると、魏にとっては、今後の戦局に重大なマイナスを背負いこむことになると、判断したのである。

いっぽう、孔明は、この上庸を獲得することで、蜀の荊州支配を容易にし、そこから東のかた河南省に出て、魏の都を直撃できるという成算に立っていた。

いよいよ寝返りの決意を固めた孟達は、孔明にこんな書状を送ってきた。

「司馬仲達のいる宛は、洛陽を離れること八〇〇里、この上庸まで一二〇〇里もあります。彼がわたくしの挙兵を聞けば、魏の天子に上奏文を送るでしょうが、その往復だけでも、一ヶ月はかかります。その間にわたくしの城の守備は十分に固められますし、諸軍の陣立ても整いましょう。わが上庸は奥深く険阻な要害なので、司馬仲達はみずから軍を率いてくることはありますまい。仲達以外の部将ならば、誰が来ても心配ありません」

この油断を突いて、司馬仲達は、電光石火のごとく上庸に押し寄せてきたのである。さすがは、魏随一の名将とうたわれる司馬仲達である。思いもかけぬ急襲に遭って、孟達は孔明に、

「まるで神わざとしか思えない」

と急を知らせている。これを知った呉軍は援軍を送って漢水をさかのぼり、蜀軍は漢水を下って、孟達の救援に向かったが、時すでに遅く、効果はなかった。

上庸城は、孟達のいうように深険の地にあり、三方を川で囲まれていた。孟達は城の周りの川岸に逆茂木《さかもぎ》をめぐらして防備を固めていたが、司馬仲達はあえて渡河作戦に出て、一気に城壁の下まで殺到し、八方から攻め立てたため、半月の間で、上庸城を陥落させることができた。建興六年（二二八）正月のことである。仲達は、孟達を斬り捨て、その将兵七〇〇〇余を遠く河北の地に移した。

これで、孔明の北伐初頭の成算は出鼻をくじかれてしまった。機先を制した機敏な仲達の作戦で、魏は荊州の安全を確保した。以後の戦局をどう切り開いていくか、初手で不利な立場に立たされた孔明は、次の手をうつべく知恵を絞り、苦慮したにちがいない。

❖魏延《ぎえん》の奇襲策

漢中に集結した蜀軍の作戦会議の席上では、今後、北伐の進攻ルートをどこに求めるべきか、検討に検討が重ねられた。この時、まず蜀の西征大将軍の魏延《ぎえん》（？～二三四）が、奇襲作戦ともいうべき進攻ルートを提案した。当時、魏の側で、関中の長安を守っていたのは、安西将軍夏侯楙《かこうぼう》であった。

「聞けば、夏侯楙は青二才で、魏王の女婿《じょせい》であり、臆病《おくびょう》で軍略を知らぬとのこと。いま、わたくしめに精兵五〇〇〇と輜重兵《しちょうへい》五〇〇〇をお任せいただければ、まっすぐ褒中《ほうちゅう》県から出て秦《しん》嶺《れい》山脈沿いに東進し、子午道《しごどう》から北にむかえば、一〇日もかからずに長安に到着できましょう。夏侯楙はわたくしが攻めてきたと聞けば、きっと渭水《いすい》伝いに船で逃げ出すでしょう。長安に残るのは、督軍《とくぐん》長史とか京兆《けいちょう》太守といった文官だけ。そこで、魏の官府の米倉と逃散《ちょうさん》した農

魏延

民たちの米さえあれば、わが軍を養うには事欠きません。それに東方から魏が反撃してくるには二〇日はたっぷりかかります。その間に丞相は斜谷《やこく》からおいでになれば、十分長安に到着する時間があります。こうして丞相とわたくしが合流すれば、一挙に関中は平定できましょう」

魏延はもともと劉備の私兵に属し、名門の出ではないが、勇猛で、士卒をよく養うことができた百戦練磨の将軍であった。この作戦計画は、魏延らしくじつに大胆にしてかつ勇壮な奇襲プランであった。漢中から険しい子午《しご》（谷《こく》）道《どう》を抜けて一挙に北東する最短距離をとって、長安を陥れようという一発勝負をねらっての奇策であったが、孔明はうなずかなかった。これは危険な賭けだと考え、それよりも着実な作戦計画を主張した。北上して今の甘粛省《かんしゅくしょう》、隴右《ろうゆう》をひとまず占領し、渭水上流を平定する正攻法をとったのである。魏延の策はたしかに魅力にとんでいたが、孔明は失敗した際のリスクを考えて、より確実に勝目のある道を選んだのである。

❖第二次北伐、祁山《きざん》に進攻

建興六年（二二八）の春、孔明は陽動作戦を採用し、斜谷道《やこくどう》を通って郿《び》、今の陝西省眉県を奪い取るという作戦計画を公表しておいて、趙雲・鄧芝《とうし》の二将に命じて箕谷《きこく》、陝西省褒城《ほうじょう》県（漢中市）に進駐させ、斜谷を通って郿に向かうと見せかけた。これをさせじとくり出してきた魏の曹真《そうしん》の軍と、趙雲らの軍が対戦しているすきに、孔明は本隊を率いて、西方の祁山《きざん》に向かった。祁山は今の甘粛省南部西和県にある山で、陝西・四川省に通じ、渭水伝いに東進して、長安を背後から襲うには、格好の場所であった。

祁山に進出した孔明の蜀軍は、隊伍堂々として軍律厳しく、号令は隅々まで行き渡り、この威風の前に、南安・天水・安定、いずれも今の甘粛省三郡が魏に背いて、戦わずして降伏した。動揺は関中の魏の全域に広がった。蜀が渭水上流域を占領し、関中への東進を容易にしたからであった。

魏の明帝は、西進してみずから長安に大本営をおき、左将軍張郃《ちょうこう》（?～二三一）に命じて、東進の構えを見せる孔明麾下《きか》の蜀軍の防衛にあたらせた。この時、孔明は、日ごろから目をかけ、その才覚を高く評価していた馬謖《ばしょく》に、蜀軍の防衛部隊の指揮をとらせていた。蜀軍のなかには、馬謖よりも魏延や呉壱《ごいつ》を推す者があったが、孔明はそれを抑えて、三九歳の若き参謀・

馬謖をその任にあてたのである。

かつて劉備が、孔明が青年馬謖を高くかっているのを知っていたので、臨終の際に、

「馬謖はいつも自分の実力以上のものを言っている。重く用いてはならぬ。君もその点は十分考えるがよい」

とわざわざ孔明に忠告したほどである。にもかかわらず、孔明は馬謖を重用し、先鋒《せんぽう》諸軍の総指令に任じた。かくて両軍は街亭《がいてい》で対峙した。

この時、馬謖は大失態を演じてしまった。

孔明は馬謖の出陣に際して、

「けっして山上に陣を取ってはならぬ」

と、注意しておいた。この指令に背き、馬謖は街亭の水辺を捨てて、その南側の険しい山中にたてこもったまま、攻め下ろうとはしなかった。そのうえ、指揮官としての動作がこせこせして落ち着きがなかった。その指揮下に入っていた裨《ひ》（副）将軍王平《おうへい》はしばしば山を下るように諫めたがむだであった。馬謖が山上に布陣して動く様子がないのを見て、さっそく魏軍は水や食料の補給路を絶つ作戦に出た。これで、馬謖の蜀軍はたちまち苦境に陥り、惨憺《さんたん》たる敗北を喫してしまった。

敗北の際の処理がいちばん難しいのは殿《しんがり》である。王平の率いる一〇〇〇余の兵が軍鼓《ぐんこ》を鳴ら

し、隊伍整然と退却したので、張郃はその先に伏兵《ふくへい》がいるのではないかと疑い、深追いを避けた。そのすきに馬謖はようやく敗兵をまとめて帰還することができた。

いっぽう、もともとおとり作戦で、箕谷《きこく》に出陣していた趙雲・鄧芝の蜀軍も、曹真の魏軍が総力を挙げて攻撃に出てくると、形勢不利となり、これもまた退却した。敗戦の将とはいえ、趙雲は百戦錬磨の勇士。まず桟道を焼いて、魏軍の追撃を絶ち、兵士をまとめ、軍需物資のすべてを持ち帰っていたので、大敗には至らなかった。

祁山に本陣を構えていた孔明も、本陣と支隊の敗戦で、やむなく本陣を引き払い漢中に撤退した。その際、祁山にほど近い方西《ほうせい》県の一〇〇〇余家の民を虜《いけどり》にして漢中に移住させている。これで、一時孔明に帰順していた甘粛省の三郡は、曹真が派遣した張郃・郭淮《かくわい》らの魏の部将によって平定され、もとのもくあみに帰してしまった。孔明の第一次北伐は、かくして完全に失敗した。

❖泣いて馬謖を斬る

あとには、敗戦責任の問題がのこされただけであった。孔明にとって、気の重い問題であった。たしかに、蜀の兵力は、祁山・箕谷の戦いでは、少なくとも魏よりも多勢であったが、負けてしまったのだ。その全責任は、自分の指揮系統に問題があったためと孔明は考えた。

孔明、泣いて馬謖を斬る　馬謖の首実検をする孔明。

孔明は悩んだ末に、まず街亭の敗戦の直接的な責任者として、最高司令官の命令に違反して、決定的な敗北を招いた馬謖の処分は免れぬという結論に達した。

孔明は泣いて馬謖を斬った。

孔明がとりわけかわいがっていた馬謖だけに、その処分は注目された。「わが心は秤《はかり》のごとし。人のために軽重をなす能わず」という孔明の信念に基づく処分であった。

馬謖は死に臨んで、遺書を孔明に書き送った。

「これまで、閣下《かっか》はわたくしをわが子のようにお慈しみくださいました。私も閣下を実の父親のように慕ってまいりました。しかしながら、この際は、昔、舜《しゅん》が義のために鯀《こん》を処刑して、その子の禹《う》を登用した故事を思い起こされて、これまでの交情に私情を挟んで傷をつけられないようにお願いいたします。そうなれば、わたくしは死んでも、なんの恨みもなく黄泉路《よみじ》に就くことができます」

❖孔明、批判の矢面に立つ

馬謖の処刑がおこなわれると、一〇万の将兵は涙を流したという。葬儀に臨んだ孔明は馬謖の遺族に対して、これまでどおりに処遇することを公表した。

のちに成都から漢中府にやって来た丞相府副長官の蔣琬《しょうえん》は、孔明に向かって、天下がいまだ動乱のさなかにあるのに、智謀《ちぼう》の士を殺すのは、敵を喜ばせるばかりで、あまりにも惜しいことではありませんか、と忠告すると、孔明は、昔、孫子が天下に武威を示すことができたのは、軍法を厳格にしたからであり、いま天下の風雲急を告げる際に、仮にも軍法を曲げるようなことをすれば、どうして逆賊魏を討つことができようぞ、と反論したという。

三国時代が終わって一〇〇年ほどたった東晋《とうしん》の時期に、『漢晋春秋』という史書が習鑿歯《しゅうさくし》によって著わされている。この書は、蜀漢を正統な王朝とみなして、三国時代の歴史を記述したものであるが、馬謖の処刑に関して、孔明の態度に痛烈な批判をあびせている。

「孔明が魏を併呑《へいどん》できなかったのは、当然のことであろう。昔、晋《しん》の景公《けいこう》は、敗軍の荀林父《じゅんりんぽ》が最後まで踏みとどまったことを評価して、軍法を無視してまで、その功績を評価したが、その結果、晋はうまくいった。これに対して、楚《そ》の成公《せいこう》は、得臣《とくしん》が役に立つ人物であることが見抜けず、敗戦の責任を問うて殺してしまったが、その結果、楚は敗北を重ねることになった。いま蜀は僻遠《へきえん》の地にあるマイナスがあるうえに、人材が魏より乏しいというのに、そのうちの俊《しゅん》傑《けつ》なる者を殺し、二流以下の人材をはたらかせた。人材を生かすことより、軍律を厳守することを重視してばかりいて、敗北を勝利への道に変えた、かの晋の景公に学ぼうとしていない。これでは大業を達成しようとしても、難しいことであった。しかも、先帝劉備が孔明に向かって、馬謖は『おおいに用うべからず』と戒めていたのである。孔明は当然馬謖はその才でないと考えるべきであった。戒めを受けていながら、それを生かせなかった孔明は、明らかに馬謖の罪を責めることはできないはずである。天下の丞相として総力を結集し、それぞれの能力を推し量り、その器量に応じて、適務を与えることができなかった点では、先帝の戒めに違反し、人を裁くことでは中正を欠き、有益な人材を殺してしまったのだ。これで、孔明を智者であるということは無理な話である」

かく『漢晋春秋』の著者の孔明批判は手厳しい。荀林父は、紀元前五九七年、楚軍と邲《ひつ》で戦ったときに敗北した総大将。晋の兵士は先を争って舟で黄河を渡って逃げようとしたが、先に舟に乗った者が、あとから舟べりにつかまる味方の兵士の指を切り落とし、そのため、「舟中の指、掬《きく》すべし」——斬り落とされた指を手ですくいあげることができるほどの悲惨な壊滅状態であったが、晋の景公は、荀林父の敗戦の責任を問わず、その罪を許し、その地位を保証して将来に備えたという。また、晋の恵公は紀元前六四五年、韓原の地で秦軍と戦い、三度敗北したのち、秦軍に捕らえられるという苦杯《くはい》をなめたが、これを機会に富国強兵に努めて晋の国運を盛り返した人物である。

この二つの故事をいかすことのできない者は、とうてい智謀の士とはいえないではないかと、習鑿歯は孔明を批判して、蜀漢が後漢王朝を襲うべき正統性を持ちながら、ついに魏を倒し、中原の地を回復できなかった責任の一端は、軍律には厳しいが、人材の活用術に暗かった宰相としての諸葛孔明の器量と采配《さいはい》にあったとみたのである。

❖孔明の実績と自責

『漢晋春秋』の著書のように、馬謖処刑事件の一事をとりあげて、孔明の宰相としての器量の狭さを論じ、その智者としての資質をあげつらうのは、いささか性急で、それだけに公正を欠く論評ではあるまいか。

なぜなら、僻地《へきち》の巴蜀の地で、乏しい人材を掘り起こし、その活用に腐心して、蜀漢帝国の体質改善をつねに目指してきたのは、ほかならぬ孔明であったからである。その人材活用術には、心憎いほどの細心な気配りがおこなわれており、塩鉄政策をはじめとして、彼が登用した若手官僚が蜀漢帝国の内政・外政にめざましい実績をあげてきた事実を見逃すことはできない。それればかりではなく、「天下三分の計」を空理空論に終わらせずに、着実に、一歩一歩その実績を積み上げてきた孔明の智謀は、三国時代のなかで抜群に際立ってさえいる。しかしながら、その孔明が実践の段階で兵学者としての才能を縦横無尽に活用することができたかどうかという評価になると、そう事は簡単ではない。

小説『三国志演義』のなかで、いくたびとなく賞嘆の対象として描きだされた、見事としかいいようのない兵法家としての孔明の奇略は、限りなく、虚に近い。しかもそれは蜀漢帝国を正統王朝として見立てた小説家の一方的な判官《はんがん》びいきのなせるわざにすぎない。同じ正統性を認める立場にいる。『漢晋春秋』の著者とは、この点では大違いである。

『随筆三国志』の著者・花田清輝氏が、

孔明もまた、かれの名を冠した兵書の多くが、後人の手になる偽作だったとしても、兵学者としての知識のひろさということにかけては、おおおさ、曹操に劣りはしなかったであろう。しかし、兵法家としての孔明には、陳寿《ちんじゅ》の「応変の将略は、その長ずるところにあらざるか。」というかれにたいする評言を待つまでもなく、やはり、曹操にくらべると、いささか兵学にこだわりすぎるようなところがあって、変通自在のおもむきに乏しい。いわば、曹操は、孔明の理論と劉備の実践とを兼ねそなえた、抜群の人物だったのではあるまいか。劉備が孔明にめぐりあって、「われの孔明を得たることは、なお、魚の水を得たるが如し。」といってよろこんだのは、これで、ようやく、多年、かれの一目置き続けてきた曹操と、理論の領域においても、なんら引け目を感ずることなく、対等の立場に立って、雌雄を決することができると考えたからであろう。もっとも、劉備は、兵学者なら誰でも尊重していたわけではない。一生の大部分を兵馬倥偬《こうそう》のあいだですごしてきたかれは、実戦が、兵学者の理論どおりに展開するとはかぎらないということを、知りすぎるほど知っていた。したがって、かれは、孔明が、若い兵学者の馬謖とひどく気があっているらしいのをみて、危惧《きぐ》の念をいだき、息をひきとるさい、わざわざ、孔明にむかって、「馬謖の言、その実《じつ》を過ぐ。大用すべからず。」と忠告しないではいられなかったのである。しかし、孔明は、その忠告を無視した。無学なものには、とうてい、馬謖の偉さはわからないとおもったのであろう。そして、馬謖を抜擢して、参軍に任命した。街亭のたたかいで、馬謖が山上に陣取り、魏軍に包囲されて、水の手を絶たれ、一敗、地にまみれさったことは、人の知るところであって、いま、ここで、あらためて述べるまでもなかろう。といって、馬謖は、それほど馬鹿な真似をしたわけではないのだ。かれは、ただ、孫子のいわゆる「およそ軍は、高きを好みて低きを憎み、陽を尊んで、陰をいやしむ。」という大原則に、どこまでも忠実であろうとしたまでである。わたしは、孔明にもまた、いくらか馬謖に似たようなところがあったのではなかろうかとおもうのだ。

と語っているのは、じつにみごとな分析であるというほかはない。実戦のなかで、兵法家としての孔明があまりにもその知識に忠実な正統派で、変通自在なおもむきに乏しかったために、北伐が不成功に終わったとしても、そのことでもって、孔明の宰相としての器量と智謀まで、いちがいに否定し去ることは、冷静な歴史家としては見当違いもはなはだしい。

泣いて馬謖を斬った孔明もまた、厳しくみずからの責任を問わねばならなかった。なんといっても、北伐の最高司令官として、三七歳の実戦経験に乏しい馬謖を参軍に命じたのは、孔明である。その責任は回避できないはずである。孔明は、街亭《がいてい》・箕谷《きこく》の敗戦をもたらしたのは、統帥者である自分に全責任があるとして、降格されたい旨の上奏文を成都にいる劉禅のもとに届けた。

「わたくしは非才の身にふさわしからぬ高位に昇り、全権を委ねられて三軍を指揮してまいりましたが、残念ながら軍律を徹底させることができず、大事に臨んで慎重な配慮を欠いてしまいました。そのため街亭では命令違反者を出し、箕谷では不用意な敗北を招いてしまいました。その罪はすべてわたくしが任命した人選が正しくなかったためであります。わたくしは、人を見る目がなく、事にあたっては判断を誤ることが多く、不明でありました。『春秋』では、軍の敗北はすべて統帥者の責任としています。丞相として北伐の指揮をおこなったわたくしの職務こそが、これにあたります。どうか階級を三等級落として、わたくしの罪をお裁きください」

後主劉禅はこの上奏を聞き入れて、孔明を丞相の地位から右将軍に降格した。しかしながら、ただ、かかる降格によって、孔明は敗戦の責任が処理されたと思ったわけではない。北伐の敗戦はただちに内政・外交の両面にわたって多大の支障をきたすことは、目に見えていた。その責任を回避することは、孔明にはとうてい許されるべき態度ではなかった。

彼は、北伐によってもたらされた蜀漢帝国の危機こそを、みずからの責任で回避しなければならなかったはずである。孔明は、なお後主劉禅の命ずるままに行丞相事という首相代行の地位にみずからを縛ることで、この危機を乗り越えようと努めたのである。

しかも、部下については、どんなささいな功労も漏らさず表彰し、戦死した者の忠烈を顕彰することに努め、北伐失敗の責任は、孔明をはじめとする指揮官にあったことを天下に公表し、ひたすら武を練り士気を高めて、将来の北伐再開に備えたのである。このため、兵士たちはきたるべき時に備えて熱心に訓練に励み、民衆もまた、敗戦の痛手から早急に立ち直り、蜀の再建に努めたといわれている。

三　ああ、秋風五丈原

❖第二次北伐、陳倉《ちんそう》城の包囲

孔明が第一次北伐に出発したのは、蜀の建興五年（二二七）の春であるが、時に孔明は四七歳であった。この年齢で孔明は、はじめて実子瞻《せん》をもうけている。出征のさなかの喜びであった。

翌年の春、街亭の戦いで敗れたが、その八月に同盟国の呉が魏を討って、大勝利をおさめた。呉の将軍の孫権はみずから出陣し、大都督《だいととく》陸遜《りくそん》の指揮下に六万の兵を集結させ、現在の安徽《あんき》省懐寧《かいねい》県にある石亭《せきてい》の地で、魏軍を破ったのである。この石亭の戦いで、魏軍が用意した輜重《しちょう》のすべては、呉軍に捕獲された。呉が大勝したのだ。この好機を逸すべからず、いまこそ関中は手薄だと判断した孔明は、第二次の北伐を決意した。

この時に、蜀の劉禅に上奏したのが、「後出師《ごすいし》の表《ひょう》」であるが、これは『三国志』の諸葛亮伝には記載されておらず、呉の張儼《ちょうげん》の『黙記《もくき》』にあるだけなので、文章の調子からみても、六《りく》朝人《ちょうじん》の偽作とみられている。それはともかく、建興六年（二二八）の冬一一月、孔明は第二次の北伐に出陣した。さきに、祁山《きざん》に進出して目的を果たせなかった孔明は、散関を越えて、現在の陝西省宝鶏市《ほうけいし》にある陳倉城《ちんそうじょう》を包囲した。陳倉の守備兵は、わずかに一〇〇〇余人であったが、魏の豪将郝昭《かくしょう》に率いられて、敢然《かんぜん》として蜀軍に抵抗した。孔明は数万の兵を率いて陳倉城を囲んだ。

この攻防戦で、孔明は雲梯《うんてい》を使って城内に入ろうと試み、また衝車《しょうしゃ》という兵具で城を破ろうとした。雲梯とは長梯子《ながばしご》のことで、梯子の周囲に牛革を張って、敵の矢を防ぐ工夫を凝らした戦具。衝車は、馬に引かせた戦車で、轅《ながえ》の先に鉄がついていて、これで城門をたたき破る戦具であった。

ところが、これらの兵器を使って攻めても、郝昭は火箭《ひや》を放って雲梯を焼きにかかり、石臼を城壁から落として、衝車を破壊した。雲梯だけではだめだとみてとった孔明は一〇〇尺もある高い櫓《やぐら》の井闌《せいらん》を作り、そこから城中に矢を射かけ、堀をめがけて、土や瓦を投げ込み、それを埋めにかかったが、これも、郝昭は重櫓《じゅうしょう》を築いて阻んだ。ついには、孔明は地下道を作って城内に入ろうとしたが、郝昭は逆に城内からトンネルを作って、孔明の地下道を切断した。

かくして二〇日あまりの攻防戦が続いた末、さすがの孔明も、包囲軍の兵糧がしだいに欠乏してきたので、陳倉城の陥落をあきらめて、その囲みを解いた。魏の明帝は、陳倉城救援のた

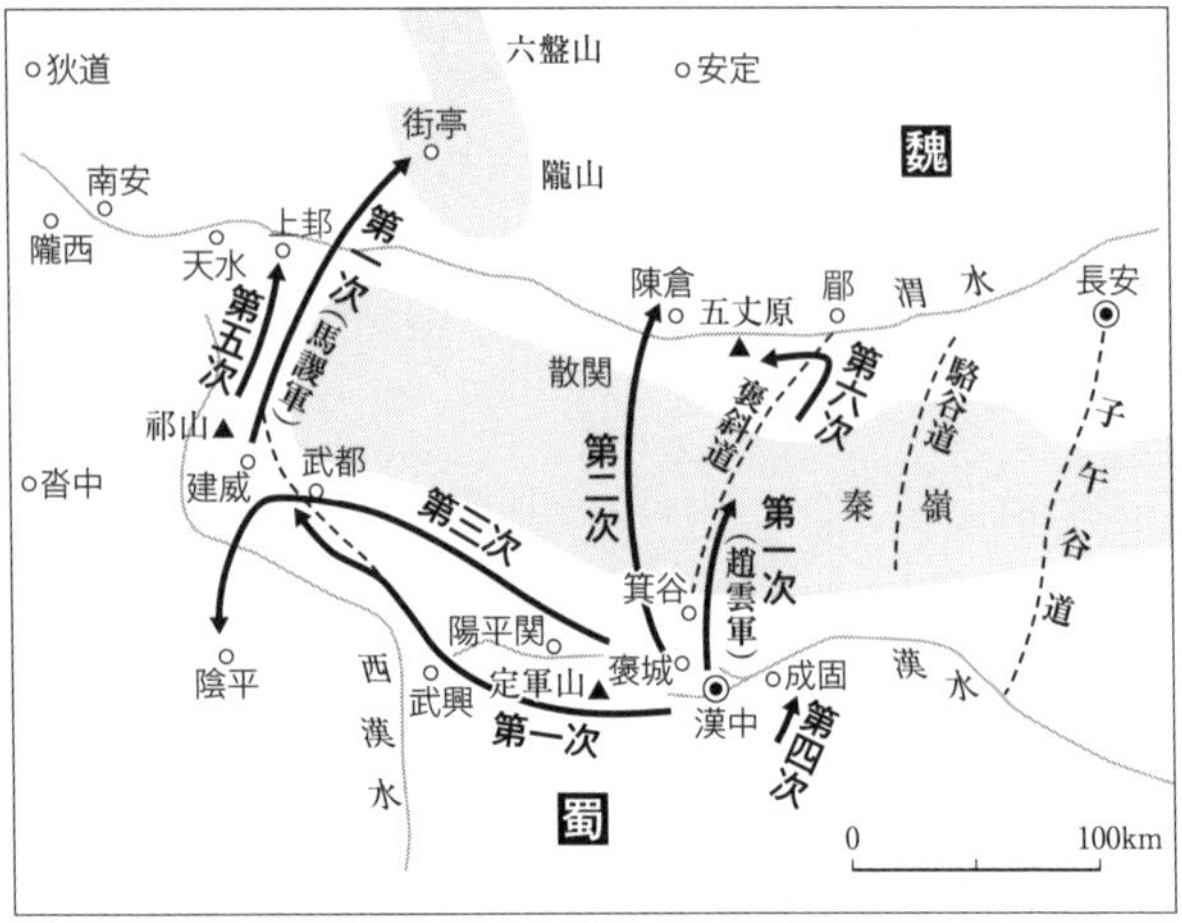

北伐の地図　（『中国の歴史』04－三国志の世界』〔金文京著、講談社、2005年〕より）

めに、張部を派遣したが、その援軍が到着する前に、すでに囲みは解かれていた。

❖第三次・四次北伐、老将趙雲没す

建興七年（二二九）、孔明は陳倉攻略より転じて、魏の国領でもっとも辺境に属する地帯、その住民の大部分がチベット族である武都《ぶと》・陰平《いんぺい》の二郡を攻めて、これを手に入れた。

北伐の目的は、あくまで陳倉の攻略であり、それほど重要な戦略地帯とはとうてい思えない二郡であったが、これで、蜀軍の士気を若干なりとも盛んにする必要があったのだ。蜀の後主劉禅は、二郡が蜀支配下に帰した功を賞し、孔明を丞相の位に復した。そこで、孔明は丞相府を、現在の四川省南部県にあたる南山の下原に定め、今の陝西省勉《べん》県の西南にあった沔陽《べんよう》に漢城を、陝西省城古県の東南にある城固に楽城《らくじょう》を築いて、魏攻略の足固めに入った。この年に老将の趙雲が亡くなった。

建興八年の八月、魏は対蜀戦に異常ありと、事態の急なるを考え、曹真の軍を斜谷道から、張部の軍を子午道から、司馬仲達の軍を西城から発信させ、関中支配をねらう蜀軍を阻むために、積極作戦に転じてきた。ところが、たまたまそのころからひと月以上川が氾濫《はんらん》して、大洪水となった。巴蜀の河川も事情は同じであった。河川の氾濫が軍事行動を著しく阻害すると判断した魏軍は、雌雄を決することなく、帰還した。ただでさえ危険な斜谷の桟道が何か所も倒壊して通れなくなったのだ。孔明も漢中の守りを固めて、その主力軍を率いて、成都に引き揚げた。

❖第五次・六次北伐、五丈原に陣す

建興九年（二三一）の二月、孔明は自身としては三度目になる蜀軍を率いての北伐の壮途に就いた。目標は、第一次北伐の時と同じく、天水《てんすい》郡の祁山《きざん》であった。これまで二度にわたる北伐と同じように、この時も延びきった兵站《へいたん》路線が蜀軍のなきどころであった。成都からの兵糧の補給がいかに困難であるかを、身に染みて体験していた孔明は、木牛《もくぎゅう》や流馬《りゅうば》を用いるようになった。いずれも孔明の考案になるもので、流馬は四輪である。狭い蜀・秦の桟道には、手押しの一輪車の木牛は便利であった。ちなみに、物を運ぶのに車を用いるようになったのは、これにはじまるといわれている。

孔明はまず祁山にある魏の出城を包囲した。そこを守る魏の将軍は、賈翔《かしょう》・魏平《ぎへい》の二将である。包囲しおえると、その後で、孔明は鮮卑族《せんぴぞく》の軻比能《かひのう》を呼んで策を授け、長安の北方、北地郡石《せき》城を荒らし、魏軍の動きを牽制させた。

魏の朝廷では、ちょうどそのころ病没した大司馬の曹真に替えて、司馬仲達を、関中の中核都市にあたる長安の鎮守にあたらせ、西部戦線に派遣した。司馬仲達は、費耀《ひよう》・戴陵《たいりょう》の二将に精兵四〇〇〇を授けて、現在の甘粛省天水県の西南にある上邽《じょうけい》の守備を任せ、みずから魏の主力軍を率いて、祁山の救援に向かった。

司馬仲達が出撃したという知らせを受けた孔明は、さっそく軍を二手に分け、一軍にはそのまま祁山の包囲を続行させ、みずからのこりの一軍を率いて、上邽に進み、そこで魏軍を迎え撃った。孔明軍の行く手を遮る費耀らの先遣部隊を軽く一蹴したうえ、皮肉にも、わざわざ上邽城一帯の麦を刈り取り、兵糧を確保して、魏軍を挑発した。

こうして上邽の東で、孔明と司馬仲達は、はじめて対決することになったが、仲達は戦いを避けて、近くの要害にたてこもったので、孔明はやむなく軍を引き揚げた。これを見て、司馬仲達は、孔明軍のあとを追った。やがて目の前に祁山が迫ってきたところで、またもや近くの山にたてこもり、塹壕《ざんごう》を掘って持久戦に出た。長く延びきった兵站路線が蜀軍の泣き所で、陳倉城の戦いでも、兵糧に欠乏をきたし、包囲戦を解いて撤退した例を、仲達は知っていたのだ。

上邽一帯の麦刈りにしても、あながち挑発ばかりとはいえない、兵糧の補給事情がよくないからであろうと、仲達はみていた。

これを見て、しびれを切らしたのが、祁山にたてこもっていた賈翔と魏平である。しばしば討って出たいと司馬仲達に願い出た。そして、

「公は蜀を畏《おそ》るること虎の如し。天下の笑いをいかにせん」

とまで、言い出すしまつ。さすがの司馬仲達もここまで言われたのでは、じっとしているわけにはいかず、意を決して、孔明軍に真正面から戦いを挑んだ。結果はさんざんだった。孔明がつぎつぎに繰りだした魏延・高翔《こうしょう》・呉班《ごはん》の軍勢の前に大敗を喫し、首級三〇〇〇、鐙《あぶみ》五〇〇〇、弩《ど》三五〇〇が奪い取られる大損害を被ってしまった。司馬仲達は、たまらず陣営に逃げ戻り、そのまま閉じこもって、動こうとはしなかった。

しかし、せっかくの勝利にもかかわらず、糧食の補給がつかないという中護都督の李厳《りげん》からの知らせを受けて、孔明はやむなく、またも漢中府に引きあげざるをえなかった。これを見て、仲達は魏軍きっての勇将張郃に追撃を命じたが、深追いを固く禁じた。しかし張郃は、

「撤退する敵を深追いするのは、兵法のいろはではござらぬか」

と言って聞かず、深く蜀軍を追撃した。蜀軍は地形を利用して伏兵を設けて、これを待ち受けていた。これにひっかかった張郃は、ついに蜀軍の矢にあたり、あっけなく命を落としてし

まった。

孔明が峴山《けんざん》に布陣していた時のこと。旗指物《はたさしもの》をなびかせて、武器を連ねて威風を張り、要害の地にたてこもったが、一〇人に二人は休養をとらせるために、交替で帰国させた。常時は八万の兵で固めた。ところが、接戦状態に入ると、この交替休養制に不安を感じた蜀軍の参謀が反対した。すると、孔明は、きっぱりと言い切った。

「私は軍を統率するにあたって、約束したことはかならず守ることを基本としてきた。春秋時代、晋の文公は原城《げんじょう》を包囲したとき、三日間で終わらせると約束したが、落城寸前であったにもかかわらず、期間が来ると、引きあげを命じて兵士との約束を守った。このように古人も信義を守った。次の交替要員はすでに支度を整えて、その日が来るのを待ちかまえているし、国の妻子も首を長くして、兵士の帰還を楽しみにしている。戦が困難な状況にあるとはいえ、いったん約束した休暇は取り消してはならぬ」

こうして作戦中も、交替要員は全員帰還した。彼らが感激したことはいうまでもない。

「諸葛公のご恩に報いるために、命の限り戦おうぞ」

と誓い合い、戦いの火ぶたが切られると、かれらは白刃を振りかざして、先を争って飛び出し、一人が一〇人を倒す奮闘ぶりであったと、史書は伝えている。

孔明は、渭水《いすい》に西進して五丈原《ごじょうげん》あたりに布陣すれば、それは持久戦を意味することになり、

五丈原　登り口からの景色。台地上に「五丈原諸葛亮廟」が建つ。（陝西省宝鶏市岐山県）

安全だろうと考えていた。

そして孔明は、ここでも奇策を避けた。第一次北伐の際、魏延将軍が子午道を抜いて長安を急襲しようという奇策を提案したとき、孔明はそれを採用しなかった。今度も、孔明は正攻法をとって、五丈原に陣を築き、持久戦の構えを見せた。それを、もっとも喜んだのは、敵将、司馬仲達であった。

五丈原を全軍の根拠地とした孔明は、まず四輪車の流馬で、成都から多量の兵糧を運び込んだものの、それまでの遠征では、兵糧の補給が思うに任せず、作戦に支障を来したことを反省し、部隊を分けて屯田《とんでん》させ、自給自足の方針をたてた。屯田兵は渭水沿いの土着の農民に交じって農耕に従事したが、両者の間にトラブルは起こらなかった。孔明が農民の土地を侵犯して彼らの私財を略奪する行為を固く禁じていたからである。持久戦の構えはできた。あとは、機をみて北上して渭水を渡る作戦だった。

かたや司馬仲達は、三〇万の大軍を率いて、渭水を渡り、これまた渭水の南岸に、砦を築いて、「背水《はいすい》の陣」を布く。背水の陣形をとったのは、魏の兵士が逃亡するのを防ぐためであったが、この南岸地帯には、多量の備蓄米が積蔵されていたから、持久戦に持ち込まれても、大丈夫だと踏んでのことであった。

五丈原では、両軍のにらみあいが続いた。こうなると、兵站路線が延びきった蜀の遠征軍のほうが不利である。ようやく孔明は、持久戦に持ち込んだことが誤算ではなかったかと思い始めた。向こうから攻撃をしかけてくるはずの仲達は、じっくり構えて、いっこうに動く気配はないではないか。孔明はあせった。たびたび仲達に使者を送り、挑戦状を叩きつけたり、婦人用の髪飾りである巾幗《きんかく》などの装飾品まで送りつけて、男子としての志のなさを皮肉り、その臆《おく》病《びょう》ぶりをあざけって、仲達の怒りを挑発した。

こうまでされては、さすがの司馬仲達も我慢ができなかったらしい。ついに討って出ようとしたが、軍師の辛毗《しんぴ》が明帝《めいてい》の詔書《しょうしょ》をふりかざして、これをおしとどめた。その詔書にはこうあった。

「ひたすら防壁を堅固にして、敵の鋭鋒をくじくことに努めよ。さすれば、敵は進撃しても、思うにまかせず、退いても合戦にならず、持久戦ともなれば、敵の兵糧は底を尽くであろう。しかも、略奪にきても、捕獲する物がないときては、必ず敗走するであろう。敗走すれば、これを追撃し、俊敏な兵力で、疲労しきった敵を待ち受けて討つ。これこそ百戦百勝のやりかたである」

仲達は攻撃を中止した。

❖巨星墜つ

この年（建興一二）の五月、蜀の北伐に呼応するかのように、同盟国の呉は、軍を三道に分けて魏に出撃した。おそらく、孔明の強い要請があったのであろう。陸遜《りくそん》・諸葛瑾《しょかつきん》は、襄陽《じょうよう》に向かい、孫韶《そんしょう》・張承《ちょうしょう》は淮陰《わいいん》に向かい、孫権みずからは合肥《ごうひ》に向かった。孔明は、呉の出撃に大きな期待をかけていたにちがいないが、この期待はむなしく裏切られることになった。襄陽に向かった呉軍のみが勝利をおさめたものの、他の二軍は、はかばかしい戦果もあげないうちに、撤退したからである。この東南戦線の異常事態は、そのまま西北戦線に少なからざる影響をあたえた。魏軍の意気はあがり、それだけ蜀軍の立場は苦しくなった。

孔明は苦悩した。すでに五丈原における魏・蜀の両軍はにらみあったまま、早くも三ヶ月余が過ぎていた。なんとか、この膠着《こうちゃく》状態を打開しなければならないが、打つ手がない。それこそ、このままでは、蜀軍の兵糧が欠乏するのを、今か今かと待ちかまえている仲達の思うつぼにはまるばかりだ。

そうしたある日、仲達は、蜀の軍使に軍事上の問題にはいっさい触れずに孔明が陣中でいかに過ごしているかを尋ねた。軍使はありのままに答えた。

「諸葛侯は、朝早くから起きて、夜更けて床に就かれます。笞打ち二〇以上の刑罰は、自分で決裁なされます。それでいて食事は、一日に数合しか召し上がりません」

これを聞いた司馬仲達は、あとで側近の者に、

亮（孔明）の体、斃《たお》るるは、それ能《よ》く久しからんや。

と語ったという。

仲達の予言は的中していた。孔明はすでに、五丈原の陣中で深く病んでいた。もともと孔明は、自分にいくらかでも責任のある仕事であれば、それを人任せにできない性質《たち》であった。成都で丞相府のつとめに忙しい時でも、小さいところまで、目配り、気配りを忘れなかった。おそらく、五丈原の陣中でも、事情は同じであったにちがいない。それが過労となって、孔明は血を吐いた。肺か胃の病に冒されていたのであろう。苦悩はその病を進め、重くした。

孔明の病は篤く、五丈原の陣中で重態に陥った。それを知った後主劉禅は、秘書官の李福《りふく》を五丈原につかわして見舞わせ、今後の国家の方針について意見を求めた。孔明の意見をもらさずに聞き取って帰途に就いた李福は、数日たって、はっと気づいた。肝心なことを聞き忘れていたのである。慌てて引き返してきた李福に向かって、孔明は言った。

「わたくしは、そなたがなぜ引き返してきたのか分かっている。先日、そなたとずいぶん長い間語りあったが、存分に尽くしきれなかったことがある。それをわざわざ尋ねにもどられたのであろう。そなたの尋ねる人物は、蔣琬《しょうえん》がふさわしい」

李福は頭を下げた。

「さきほどは、あなた様にお尋ねしようとして、申しそびれておりましたのは、一〇〇年後のあなた様の跡を継ぐべきお方はどなたかということでした。それでは、蔣琬殿ののちは、どなたが適任でしょうか」

「費禕《ひい》がそれを継ぐによろしかろう」

李福は念のために、その次の人物まで尋ねたが、孔明は黙して答えなかったという。これは、『益部四耆旧雑記《えきぶしききゅうざつき》』の記事であるが、この二人で十分だという気持ちであったのか、それとも、この二人のほかには、それを継ぐべき者はないと、暗に蜀の人材の乏しさをほのめかしたのか、いまは、それを知る由もない。

「落星石」　五丈原の「諸葛亮廟」敷地内に飾られている。その表側と裏側の写真。石の真偽のほどはわからないが、伝承によるものであろう。

この年（建興一二年（二三四））の八月、ついに、諸葛孔明は、五丈原の陣中で没した。時に五四歳。すでに隆中《りゅうちゅう》の草廬《そうろ》を出てから二八年の歳月が流れていた。蜀の丞相の地位に就いて、蜀漢の興隆に尽力するようになってから、じつに一四年目のことであった。

東晋の孫盛《そんせい》が著した『晋陽秋《しんようしゅう》』によると、孔明が没したとき、芒角《ぼうかく》のある赤い星が、東北より西南に流れて、蜀漢の陣営に落ち、二度まで空中に舞い戻ったが、三度めには、ついに地に落ちて帰らなかったという。その流星の落ちていくさまは、いまだ大志を果たすことなく、死に臨まなければならなかった孔明の無念の心中を象徴するかのようであった。

❖死せる孔明、生ける仲達を走らす

孔明は没した。統帥《とうすい》を失った蜀軍は、孔明の喪を秘して棺《ひつぎ》を守り、撤退の途に就いた。この異様な動きは、土地の者によって、司馬仲達のもとに知らされた。仲達はすぐさま追撃に移っ

死せる孔明、生きる仲達を走らす

た。蜀軍は、この危機に際して、わざと旗の向きをかえて出撃の軍鼓を鳴らして、反撃の態勢を見せたので、仲達は、孔明が死んだと見せかけて、実はまだ生存しているのではないかと疑い、恐れをなして、慌てて逃げ戻り、もはやそれ以上深追いしようとはしなかった。その間、蜀軍は陣容を立て直し、斜谷道に入って、はじめて孔明の喪《も》を発した。司馬仲達が退却したとき、土地の人々は、

死せる孔明、生ける仲達を走らす。

と、口々にはやしたてた。

これを耳にした仲達は、苦笑して、

我は生を料《はか》るも、死を料る能《あた》わず。

「わしは生者が相手なら、どうにでも料理できるが、死者が相手では、どうにもならん。」

という名言を吐いたという。

このあと、仲達は、蜀軍の陣営跡を見て回り、その布陣がきわめて見事であるのに、思わず感嘆の声をあげ、孔明こそは、「天下の奇才なり」とたたえた。仲達が魏国随一の智将なればこそ、智略家としての孔明の力量を率直に評価することができたのであろう。かくして、蜀軍一〇万の兵は、それほどの損傷を被ることなく、無事成都に帰還することができた。

❖「清流」派知識人の気概

後主劉禅は、孔明の死を悼《いた》み、ただちに特使を下原の丞相府に派遣し、孔明に丞相《じょうしょう》武郷侯《ぶきょうこう》の印綬《いんじゅ》を贈り、忠武侯と諡《おくりな》して、天下に大赦《たいしゃ》の詔《みことのり》を発した。孔明の遺骸は、生前の願いどおり、かつて「水魚の交わり」を結んだ劉備が魏と戦って勝利をおさめた思い出深い古戦場、漢中の定軍山《ていぐんざん》に葬られた。

定軍山をそのまま墳墓として、棺が入れられるだけの広さの塚を掘り、副葬品としては、ただ孔明が着ていた平服をおさめたにすぎなかった。一国の宰相の葬儀としては、まことに簡素を極めたものである。これも、孔明の遺命に添うものであった。

孔明は成都に桑八〇〇株とやせた土地一五頃《けい》を所有するだけで、余分な財産はいっさい蓄えてはいなかった。家族の衣食を賄《まかな》うには、俸禄《ほうろく》とこれがあれば十分だと、孔明は考えていた。いったん権力の座に着くと、その地位を悪用し、人民の膏血《こうけつ》を絞り、賄賂《わいろ》をとって巨万の富を積み、国家人民の運命には、なんの関心も示さず、ひたすら一身の利害のみを図る官僚政治家の多いなかで、小なりとはいえ、一国の宰相として、覇業をかけた遠征軍の統帥として、粉骨砕身、国家の運命に殉じた孔明の死後、その手元にのこされた私財は、すがすがしいほどわずかなものであった。

これからしても、かつて後漢末に孔融《こうゆう》が、「清流」派知識人の資格として、かくあらねばならぬと説いた〈身を殺して仁をなし〉〈家のためにせず、国のためにす〉る儒教の理念が紛れもなく孔明のなかに体現されてあったことを、改めて認めざるをえないであろう。それはまた、党錮《とうこ》の禁の思想弾圧によって、野に伏した「清流」派知識人が逸民《いつみん》となってまで、俗情《ぞくじょう》との結託を拒否して、保持し続けた儒教理念が、孔明のなかに脈々と受け継がれながら顕在化していた事実を、なによりも確かに物語るものでもあった。

あとがき

蜀漢の建興一二（二三四）年の二月、諸葛孔明は一〇万の兵を率いて武功《ぶこう》に出陣した。最後の北伐である。

このとき、呉にいる実兄の諸葛瑾《しょかつきん》にあてて手紙を書き送って、愛児の近況報告をおこなっている。「瞻《せん》はもう八歳になり、利口でかわいい子ですが、早成して大物にならないのではないかと気がかりです」。孔明もひとなみの親馬鹿ぶりを発揮しながら、子供の将来を気づかっている。この気づかいも束の間、その年の八月に孔明は五丈原で陣没《じんぼつ》した。遺言によって、漢中の定軍山、いまの陝西省勉《べん》県の南に墳墓をつくらせたが、塚は棺を入れるだけの広さにし、平服に身をつつませただけで葬られた。

諸葛瞻は成都で父の死を告げられたはずだが、まだ八歳の少年には、遺骸《いがい》の届かない、異郷の地における父の死についての実感は、それほどのものではなかったであろう。

いまに伝わる諸葛亮の文集には、「誡子《かいし》」という一文がのこされている。子供の瞻を誡《いまし》めることば書きである。八年間、戦場にあって心魂を砕き、身近にいて子供と接することのできなかった孔明は、せめてものという気持ちがあって、これを書きとめたのであろう。そのなかで、孔明は、「学問は平静さがなければならぬし、才能は学問がなければならぬ。学問がなければ、才能を広められないし、平静でなければ、学問を成し遂げられない。高慢《こうまん》になれば、精神をみがくことはできない」と、誡めている。その「誡子」の冒頭では、「君子の行いは、静をもって身を修め、倹をもって徳を養うものだ」とも説ききかせている。

諸葛瞻は一七歳になると、蜀漢王室の内親王を妻として迎え、騎都尉《きとい》を拝命する。騎都尉は近衛騎兵《このえきへい》の指揮官である。しかも翌年には、羽林《うりん》中郎将、皇帝の侍従武官長となっている。弱冠ならざる年齢である。孔明の忘れがたみとあっての異例の結婚であり、任官であったであろう。

その後も、侍中、尚書僕射《ぼくや》、軍師将軍と昇進をつづけているが、諸葛瞻の才能・識見もさることながら、やはり死せる孔明が生ける子供におよぼした影響力の偉大さを読みとるべきであろう。

朝廷でちょっとした善政やおめでたが起こると、それが諸葛瞻《せん》のしたことでなくても、人々はみなその話を伝えあって、「葛侯のなさったことだ」と言ったという。このため、彼の周辺はいつもすばらしい評判で満ち満ちていたが、それは実質以上のものであったと、史書は記している。

さてこの『諸葛孔明』を含めて『曹操』『劉備玄徳と孫権』と、三冊の『三国志』の書物を、清水書院から出版することができたのは、ひとえに同書院の中沖栄編集部長のご尽力のお陰である。中沖編集部長に深い感謝の気持ちをあらわして、この書のあとがきを終えることにする。

令和三年八月八日

林田　愼之助　識

諸葛孔明関係年譜

西暦	年号	諸葛孔明および蜀漢の動き	呉の動き	魏・その他の動き
一五五	永寿元			曹操、生まれる
一五六	〃二		孫堅生まれる	
一六一	延熹四	劉備生まれる		
一六六	〃九			党錮の獄起こる（第一次）
一六八	建寧元			劉宏、即位して霊帝となる
一六九	〃二			党錮の獄起こる（第二次）
一七二	熹平元		魯粛生まれる	
一七四	〃三	諸葛瑾生まれる		
一七五	〃四		孫策生まれる。周瑜生まれる	
一七八	光和元		呂蒙生まれる	
一七九	〃二	龐統生まれる		司馬仲達生まれる
一八一	〃四	諸葛孔明生まれる		協（後の献帝）、生まれる
一八二	〃五		孫権生まれる	
一八三	〃六		陸遜生まれる	
一八四	中平元			黄巾の乱起こる

一八七	中平 四		孫堅、桂陽で賊を討つ	曹丕生まれる
一八八	〃 五			朝廷、八校尉をおく
一八九	〃 六	このころ、諸葛孔明の生母章氏没		霊帝崩ず。弁、即位して少帝となる 袁紹、宦官を誅滅す 董卓、入洛、少帝を廃し、劉協を立て献帝とする
一九〇	初平 元	劉備、公孫瓚のもとに走る	孫堅、荊州刺史王叡を殺す	袁紹ら、反董卓義兵招集 董卓、長安遷都 劉表、荊州牧となる
一九一	〃 二	劉備、平原の相となる	孫堅、入洛して漢の宗廟を修復す	董卓、長安に入る
一九二	〃 三		孫堅、荊州の黄祖を討ち、襄陽で戦死	董卓、王允・呂布に殺される 曹操、青州の黄巾軍三〇万を収む
一九三	〃 四			曹操、袁術を討つ 曹操の父嵩、陶謙に殺さる
一九四	興平 元	劉備、徐州牧となる このころ、兄諸葛瑾、江東に赴く 諸葛孔明、弟均と叔父玄の許に身		曹操、陶謙を討つ 陳宮・張邈・呂布が曹操に背く

		を寄せる		
一九五	〃 二	叔父諸葛玄、予章太守となる		曹操、呂布を破る
一九六	建安 元	劉備、呂布に襲われ、曹操を頼る		曹操、許に献帝を迎える
一九七	〃 二	叔父諸葛玄、殺される 諸葛孔明、隆中に移り住む		袁術、皇帝を自称す
一九八	〃 三	劉備、董承と曹操暗殺を謀る		曹操、呂布を殺す
一九九	〃 四	曹操暗殺計画発覚。劉備、冀州の袁紹のもとに走る		袁術没す
二〇〇	〃 五	関羽、曹操に捕わる この頃、諸葛瑾、孫権に仕える	孫策没す、孫権が継ぐ	曹操、官渡の戦いで勝利
二〇一	〃 六	劉備、曹操に敗れ荊州の劉表を頼る		曹操、汝南で劉備を破る
二〇二	〃 七			袁紹、没す
二〇七	〃 一二	劉備、三顧の礼。劉禅生まれる		曹操、丞相になる
二〇八	〃 一三	劉表病没、劉琮継ぐ 劉備、南に逃れる 当陽・長坂の戦い	孫権、劉備と同盟する 赤壁の戦いで曹操軍に勝利	曹操、劉表を攻める 曹操、赤壁に大敗、北に還る
二〇九	〃 一四	劉備、荊州牧に。孫権の妹を娶る	孫権、合肥を囲む	

二一〇	建安一五	劉備、孫権と荊州を争う	孫権、劉備と荊州を争う。周瑜没す	曹操、「求賢令」を発す
二一一	〃一六	劉備、劉璋の招きに応じ巴蜀に入る		曹操、馬超・韓遂を討つ
二一二	〃一七	劉備、涪に拠る	孫権、都を秣陵に還し建業と改名	曹操、孫権を攻め濡須に至る
二一三	〃一八			曹操、魏公となる
二一四	〃一九	龐統没す 劉備、成都の劉璋を破り益州牧となる		曹操、献帝の皇后伏氏を殺す
二一五	〃二〇	劉備、孫権と和睦、荊州分割支配	孫権、劉備と和睦、荊州分割支配	曹操、張魯を討つ
二一六	〃二一	劉備、曹操と漢中を争う		曹操、魏王となる
二一七	〃二二		孫権、曹操に降る。魯粛没す	
二一八	〃二三	劉備、漢中を攻略		
二一九	〃二四	劉備、漢中王となる 関羽、樊城を囲み、于禁を捕らえ龐徳を殺す 関羽・関平、戦死	孫権、魏と同盟し関羽を襲う 呂蒙、荊州を襲う。呂蒙没す 孫権、曹操に臣従、荊州牧となる	曹操、漢中を放棄、長安に還る
二二〇	〃二五	後漢王朝滅亡		曹操、洛陽で病没す 曹丕、献帝の禅譲を受ける

二二一	蜀・章武元 魏・黄初二	劉備、皇帝に即位。孔明、丞相に 張飛、部下に暗殺される	孫権、鄂に遷都し武昌と改称 孫権、呉王に任命される	
二二二	蜀・章武二 呉・黄武元	劉備、呉に出兵、夷陵で大敗、白帝城に敗走する	陸遜、夷陵の戦いで劉備を破る 孫権、呉王となり、黄武の年号を立てる	
二二三	蜀・章武三 呉・黄武二	劉備、白帝城に病没、諸葛孔明、劉備の遺託を受ける。劉禅が即位 鄧芝、呉に行き、呉と同盟	魏と断絶、蜀と結ぶ	
二二四	魏・黄初五			曹丕、呉に親征
二二五	蜀・建興三 魏・黄初六	諸葛孔明、南征して反乱を鎮める		曹丕、呉を再攻、失敗
二二六	呉・黄武五 魏・黄初七		孫権、襄陽に出兵、失敗	曹丕（文帝）没す。曹叡即位（明帝）
二二七	蜀・建興五	諸葛孔明、「出師の表」を奉り、漢中に出兵		遼東に公孫淵が領す
二二八	蜀・建興六	諸葛孔明、祁山に進攻。馬謖刑死		

年	年号	蜀	呉	魏
二二九	蜀・建興七 呉・黄龍元	諸葛孔明、第三次北伐。趙雲没す	孫権、皇帝に即位（大帝） 孫権、建業に遷都	
二三〇	蜀・建興八 魏・太和四	諸葛孔明、第四次北伐		魏、合肥に新城を築く 司馬仲達、蜀を攻める
二三一	蜀・建興九	諸葛孔明、第五次北伐、祁山を攻める。司馬仲達を破る。撤退		
二三二	呉・嘉禾元 魏・太和六	諸葛孔明、木牛・流馬をつくる	孫権、遼東に使節派遣	公孫淵、呉に使節を派遣 曹植没す
二三三	呉・嘉禾二 魏・青龍元		孫権、公孫淵を燕王に封ず	公孫淵、呉の使節を斬る 魏、公孫淵を楽浪公に封ず 陳寿、生まれる
二三四	蜀・建興一二	諸葛孔明、第六次北伐 諸葛孔明、五丈原で陣没		山陽公（後漢の献帝）没す
二四一	呉・赤烏四		孫権、魏を攻撃、失敗 諸葛瑾没す。孫登没す	
二四九	魏・嘉平元			司馬仲達、クーデタ、曹爽一派を誅滅
二五二	呉・建興元		孫権没す。孫亮継ぐ	

二五三	呉・建興二		孫峻、諸葛恪を誅殺す	
二五四	魏・正元元			司馬師、曹髦を帝位に
二六〇	魏・景元元			曹髦没し、曹奐、帝位に就く
二六三	蜀・炎興元	劉禅、魏に降伏する		
二七一	魏・泰始七	劉禅、洛陽にて没す		
二八〇	太康元		晋に攻められ、呉、滅亡	晋、中国統一

さくいん

新《しん》・人《ひと》と歴史《れきし》 44
『三国志《さんごくし》』の英雄《えいゆう》 諸葛孔明《しょかつこうめい》

定価はスリップに表示

2021年12月20日 初 版 第1刷発行

著 者 林田《はやしだ》 愼之助《しんのすけ》
発行者 野村 久一郎
印刷所 法規書籍印刷株式会社
発行所 株式会社 **清水書院**
〒102−0072
東京都千代田区飯田橋3−11−6
電話 03−5213−7151㈹
FAX 03−5213−7160
http://www.shimizushoin.co.jp

カバー・本文基本デザイン／ペニーレイン
乱丁・落丁本はお取り替えします。 ISBN978−4−389−44144−9